Du CM2 à la 6e • 10-11 ans

MISSION KRONO

Benjamin Viette (Studio MAKMA)
Scénario

SiB (Studio MAKMA)
Dessins

Isabelle Poiraud-Borny
Professeure des écoles

Studio MAKMA :
Stephan Boschat (coordination éditoriale et scénario),
Audrey Loupadière (tramage),
Lorine Roy (lettrage), Adeline Cast (relecture)

Nathan

PRÉSENTATION

→ **Tu lis un manga** entrecoupé d'exercices de : français, maths, histoire-géographie, sciences.

→ **Tu dois résoudre les exercices** pour reconstituer l'histoire qui est placée dans le désordre.

→ **Tu vérifies ta réponse :**
- elle est juste → tu accèdes à la suite de l'histoire ;
- elle est fausse → le corrigé te guide pour refaire l'exercice.

Repère-toi grâce aux numéros des paragraphes : 2

→ **Tu peux consulter le mémo** en fin d'ouvrage, il t'explique la notion abordée dans l'exercice.

→ **Regarde la table des matières** (p. 190) pour connaître tous les points du programme abordés dans les exercices.

→ **Note les indices** sur la page 189 : un par chapitre, ils prouvent que l'histoire avance.

Ce manga est publié dans son sens de lecture original : de droite à gauche.

© Nathan, 2023. ISBN : 978 - 209 - 501 542 - 8. N° éditeur : 167520/10287312

1
TU NE M'AURAS PAS !
HA HA HA HA
ANOIR
MOSAS
HA HA HA HA HA HA HA HA HA HA HA
ÇA, C'EST CE QU'ON VA VOIR !
IL Y EN A QUI TRAVAILLENT, ICI !
NON MAIS CE N'EST PAS BIENTÔT FINI ?!
ATTENTION !
BOUM
KRASH
HAHAHA
HAHAHAHA
HRRM...
TAP TAP TAP

CHAPITRE 1
LES NAUFRAGÉS DU FUTUR

REGARDE PLUTÔT CE QU'ON VIENT DE TROUVER !
WOUAH !
UNE CLÉ ?
HÉ, OH ! JE VOUS PARLE, LÀ !
ARRÊTE DE T'ÉNERVER, THOMAS...
D'ACCORD... TU AS GAGNÉ.
PFFF...
IL FAUT TOUJOURS QU'ILS S'EMBARQUENT DANS DES HISTOIRES, CES DEUX-LÀ...
QU'EST-CE QUE TU VEUX QUE ÇA ME FASSE ?
COMME TU VOUDRAS ! MALCOLM ET MOI, ON VA CHERCHER À QUOI ELLE PEUT SERVIR !
ÇA FAIT DES HEURES QU'ON CHERCHE... TU ES SÛRE QU'ELLE OUVRE QUELQUE CHOSE, TA CLÉ ?
ON A TOUT ESSAYÉ...
... SAUF LE GRENIER.
JE NE SAIS MÊME PAS SI ON A LE DROIT DE MONTER LÀ-HAUT...

C'EST PLEIN DE VIEILLERIES ICI ! JE SUIS SÛRE QU'ON VA TROUVER NOTRE BONHEUR !
MOUAIS... C'EST SURTOUT PLEIN DE POUSSIÈRE...
OUAAAAAH, C'EST GÉNIAL !
ET EN PLUS, LA CLÉ RENTRE... C'EST PARFAIT ! MAINTENANT, VOYONS VOIR CE QU'IL Y A...
LÀ, REGARDEZ ! IL Y A UNE SERRURE SUR CETTE MALLE !
SHBIM
OH ?
OH !
BLING

POURQUOI RANGER UN VIEUX RÉVEIL AU GRENIER ?
TROP DÉCEVANT...
C'EST... UN RÉVEIL ?!
OUATZE
?!
ENFIN !
YO!
VITE... IL N'Y A PAS UNE SECONDE À PERDRE !

DRIIIING
HNNG...
HMM... NE BOUGEZ PAS, JE SENS QUE ÇA VIENT !
DRIIIINNG
C'EST... UN PORTAIL ?!
QUOI ?!
EUH...
OUAH...

ON N'A PAS UNE SECONDE À PERDRE, JE VOUS DIS !
UN PORTAIL SPATIO-TEMPOREL, OUI ! MAIS DÉPÊCHEZ-VOUS...
MAIS... ON NE SAIT MÊME PAS QUI TU ES...
MOI NON PLUS JE NE SAIS PAS QUI JE SUIS... ET C'EST TOUT LE PROBLÈME !
J'ESPÈRE QU'IL NE VA RIEN NOUS ARRIVER...!
HÉ, IL EST BIZARRE, CE TUNNEL... ON DIRAIT QU'IL BOUGE.

LA SORTIE EST JUSTE LÀ !
JE VOUS EXPLIQUERAI. MAIS VENEZ...
HIII !
OUILLE !
ALORS, VOUS VOYEZ ? CE N'ÉTAIT PAS SI TERRIBLE !
PAF
ET À CE PROPOS... OÙ EST MALCOLM ?
ATTENDS, TU CONNAIS NOS PRÉNOMS ?
GÉNIAL...
MARIE, THOMAS, MALCOLM... NOUS VOICI EN 52 AVANT J.-C. !
DING

Si tu veux savoir où ont atterri nos amis, souligne la phrase qui contient un attribut du sujet.

a. Les héros ont emprunté, sans le vouloir, un portail spatio-temporel.
b. L'horloge a l'air d'un personnage vivant.
c. Étonnamment, l'horloge s'adresse à Marie.

Si tu as souligné **a.** → va au n° 6.
Si tu as souligné **b.** → va au n° 10.
Si tu as souligné **c.** → va au n° 11.

mémo 1

2

C'est faux : le périmètre d'un carré est égal à 4 fois le côté. Pour trouver le côté d'un carré, on divise son périmètre par 4.
→ Retourne à l'exercice du n° 10.

3

Faux, tu as coché la phrase déclarative. La phrase impérative donne un conseil ou un ordre.
→ Retourne à l'exercice du n° 4.

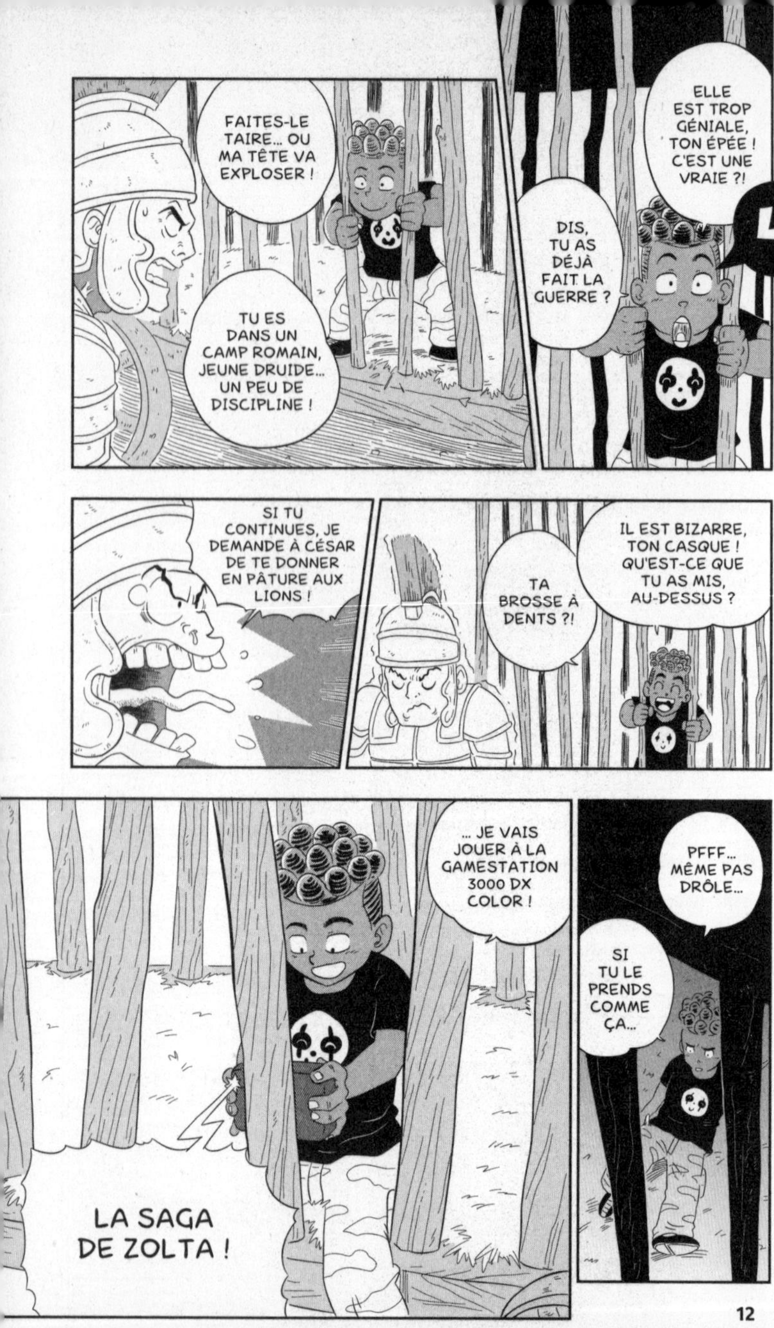
FAITES-LE TAIRE... OU MA TÊTE VA EXPLOSER !
TU ES DANS UN CAMP ROMAIN, JEUNE DRUIDE... UN PEU DE DISCIPLINE !
ELLE EST TROP GÉNIALE, TON ÉPÉE ! C'EST UNE VRAIE ?!
DIS, TU AS DÉJÀ FAIT LA GUERRE ?
4
SI TU CONTINUES, JE DEMANDE À CÉSAR DE TE DONNER EN PÂTURE AUX LIONS !
IL EST BIZARRE, TON CASQUE ! QU'EST-CE QUE TU AS MIS, AU-DESSUS ?
TA BROSSE À DENTS ?!
PFFF... MÊME PAS DRÔLE...
SI TU LE PRENDS COMME ÇA...
... JE VAIS JOUER À LA GAMESTATION 3000 DX COLOR !
LA SAGA DE ZOLTA !

CHEF... QUELLE EST CETTE MAGIE TOMBÉE DU CIEL ?!
PAR JUPITER... CES GAULOIS NE SONT VRAIMENT PAS COMME TOUT LE MONDE !
BEN QUOI ? C'EST LE MEILLEUR JEU AU MONDE ! UNE FOIS, J'AI MÊME GAGNÉ CONTRE MA SŒUR !
EN PLUS, SI ON APPUIE SUR CROIX ET B EN MÊME TEMPS...
... ÇA LANCE UNE MAGIE ULTRAPUISSANTE QUI FAIT DISPARAÎTRE TOUS LES ENNEMIS !
VOUS VOULEZ ESSAYER ?
LÀ, J'EN AI RAS LA CRINIÈRE ! JE VAIS EN TOUCHER DEUX MOTS À CÉSAR !
HMM...

MAIS C'EST PLUS GRAVE QUE ÇA...
COMME JE VOUS LE DISAIS, MA MÉMOIRE ME JOUE DES TOURS, CES DERNIERS TEMPS.
J'AI L'IMPRESSION QUE CES TROUS DE MÉMOIRE SONT LA CONSÉQUENCE D'UNE CATASTROPHE DONT LES RETENTISSEMENTS POURRAIENT FRAGILISER LES COULOIRS DU TEMPS.
AUTREMENT DIT, LE TEMPS... L'HISTOIRE ELLE-MÊME SONT MENACÉS, ET L'UNIVERS AVEC.
PSSST ! PAR ICI !
FWIP
FWIP
?
ET MA TROTTEUSE ME DIT QUE CET HOMME MASQUÉ Y EST POUR QUELQUE CHOSE.

LES ENFANTS ! VENEZ VOIR !
C'EST À NOUS QUE VOUS PARLEZ ? ON NE VOUS ENTEND PAS BIEN !
CHUUUT ! JUSTEMENT ! IL FAUT RESTER DISCRETS !
APPROCHEZ... MAIS NE FAITES PAS DE BRUIT, S'IL VOUS PLAÎT !
ON ARRIVE !
MES PAUVRES ENFANTS... VOUS AVEZ L'AIR EXTÉNUÉS. JE PEUX VOUS OFFRIR À BOIRE ?
EH BIEN... UN JUS D'ORANGE NE SERAIT PAS DE REFUS !
UN JUS D'EAU QUOI ?
RIEN DU TOUT ! DEUX VERRES D'EAU FERONT PARFAITEMENT L'AFFAIRE !
FAIS ATTENTION ! ELLE NE SAIT PAS ENCORE CE QUE C'EST QU'UNE ORANGE !

MERCI !
JE SAIS CE QUE VOUS FAITES LÀ.
GLOUPS !
PFFRR
EUH... C'EST-À-DIRE ?
JE CONNAIS VERCINGÉTORIX... ET JE SAIS QU'IL N'A HABITUELLEMENT QUE SON PEUPLE ET SA BONNE SANTÉ À L'ESPRIT.
C'EST VRAI.
...
VERCINGÉTORIX EST UN GRAND GUERRIER ! IL A QUAND MÊME VAINCU L'ARMÉE DE CÉSAR À GERGOVIE... CE N'EST PAS RIEN !
ÉCOUTEZ-MOI ATTENTIVEMENT...
VERCINGÉTORIX EST NOTRE CHEF, ET JE L'AIME BEAUCOUP...
MAIS DEPUIS QUE CET HOMME MASQUÉ EST APPARU... IL EST MÉCONNAISSABLE !

CELA PEUT SEMBLER ABSURDE... MAIS JE PENSE QUE VOTRE POULE DE FER A RAISON.
VOUS N'ALLEZ PAS VOUS Y METTRE ?! JE NE SUIS PAS UNE POULE !
IL MANIGANCE QUELQUE CHOSE... ET IL A ENVOÛTÉ VERCINGÉTORIX POUR PARVENIR À SES FINS !
HA ! JE LE SAVAIS !
DEPUIS LORS, VERCINGÉTORIX S'EN REMET CHAQUE JOUR À SES SAGESSES.
QUOI QU'IL EN SOIT, IL EST APPARU PEU AVANT LA VICTOIRE DE GERGOVIE... ET IL A PARTICIPÉ À CETTE VICTOIRE.
SI SEULEMENT QUELQU'UN POUVAIT LUI FAIRE ENTENDRE RAISON...
...
SI L'ON PEUT ENCORE PARLER DE SAGESSE...

VOUS POUVEZ VOUS INSTALLER ICI POUR LA NUIT.
JE VOUS AI AUSSI APPORTÉ QUELQUES VÊTEMENTS. VOUS FEREZ MOINS PEUR À MES VOISINS AINSI...
MERCI BEAUCOUP ! AU FAIT...
VOUS N'AURIEZ PAS VU UN PETIT GARÇON, PAR HASARD ? IL EST À PEU PRÈS GRAND COMME ÇA...
C'EST NOTRE FRÈRE, ET JE ME FAIS DU SOUCI POUR LUI.
UN PETIT GARÇON ? NON, DÉSOLÉE...
BONNE NUIT, LES ENFANTS.
MARIE... THOMAS ! APPROCHEZ.
NOUS RETROUVERONS MALCOLM, JE VOUS LE PROMETS.
MAIS CET HOMME MASQUÉ... J'AI L'IMPRESSION QU'IL NE VIENT PAS DE CETTE ÉPOQUE.

IL FAUT L'ARRÊTER... MAIS JE N'Y ARRIVERAI PAS SEUL.
C'EST UN PEU TARD POUR NOUS DEMANDER DE L'AIDE, NON ?
BAH... C'EST D'ACCORD. PLUS TÔT ON L'AURA ARRÊTÉ, PLUS TÔT JE POURRAI REPRENDRE MES EXPÉRIENCES.
THOMAS... J'AI PEUR POUR MALCOLM, TU SAIS.
IL DOIT DORMIR DEHORS, EN PLEINE FORÊT.
HMM.
TU DEVRAIS TE REPOSER.
ON REPRENDRA LES RECHERCHES DEMAIN MATIN.

NOS HÉROS VONT-ILS RETROUVER MALCOLM ?

Pour savoir si Malcolm va s'en sortir, réponds à cette question :

Parmi ces phrases énoncées par Marie et Thomas, coche la phrase impérative.

a. Repose-toi bien. ❐

b. Il doit dormir dehors. ❐

c. Vous n'auriez pas vu un petit garçon ? ❐

Si tu as coché **a.** → va au n° 7.

Si tu as coché **b.** → va au n° 3.

Si tu as coché **c.** → va au n° 8.

mémo 2

5

Faux, le vent est une énergie renouvelable.

→ Refais l'exercice du n° 7.

6

Faux ! Il y a un COD dans la phrase. As-tu pensé à chercher un verbe d'état ?

→ Refais l'exercice du n° 1.

DING
QU'EST-CE QUI SE PASSE, MAINTENANT ?
DONG
PFFF. JE NE RESSEMBLE PAS À ÇA, QUAND MÊME ?
COCORICOOOOO
QUOI ? MAIS IL FAIT À PEINE JOUR !
LES ROMAINS SONT À NOS PORTES !
LES ENFANTS, RÉVEILLEZ-VOUS !
EN ÉCHANGE DE CE GESTE, JE TE DEMANDE UNE FOIS DE PLUS DE DÉPOSER LES ARMES !
VERCINGÉTORIX ! JE SUIS VENU TE RENDRE TON DRUIDE !
PARDON ! EXCUSEZ-MOI !

HEIN ? MAIS OÙ TU VAS ?!
ATTENDS-MOI !
ÇA DOIT ÊTRE LUI !
?
PAF
TIP TAP TIP TAP
MALCOLM !
MAL...
MARIE !

* INTARISSABLE : QUI NE PEUT PAS S'ARRÊTER DE PARLER.

* REDDITION : FAIT DE SE RENDRE.

RÉGARDEZ AUTOUR DE VOUS ! OUVREZ LES YEUX ! VOTRE PEUPLE SOUFFRE !
C'EST HORS DE QUESTION ! CÉSAR N'EST PAS INVINCIBLE... ET JE TROUVERAI SON POINT FAIBLE !
HA HA !
C'ÉTAIT MA GAMESTATION 3000 DX COLOR ! MAIS PERSONNE N'A VOULU JOUER À LA SAGA DE ZOLTA AVEC MOI...
AU FAIT, MALCOLM... C'ÉTAIT QUOI, CETTE BOÎTE À IMAGES DONT IL PARLAIT ?
KRRR
HMM...
QUI ÊTES-VOUS VRAIMENT ? ET QU'ESPÉREZ-VOUS... HEIN ?
VOUS CONNAISSEZ LA SAGA DE ZOLTA, VOUS ? C'EST TROP BIEN !
VOUS VOULEZ JOUER AVEC MOI ?
COMMENT ?!

SCHIIII
COMMENT ?!
NON !
Poc!
PAS MAINTENAAAANT !!!
HUMM.
JE ME SENS UN PEU MIEUX, TOUT À COUP... COMME SI JE ME RÉVEILLAIS D'UN LONG CAUCHEMAR.
EUH...

* SE FOURVOYER : SE TROMPER.

CHOUETTE !
WOUHOUU !
ENFIN !
ON VA POUVOIR RENTRER À LA MAISON !
DRRIIIIII-IINNNG
D'ACCORD...
CETTE FOIS, MALCOLM, TU RESTES AVEC MOI !
AU REVOIR !

KRONO ?
KRONO !
JE CROIS QU'IL PARLE DE LUI !
SBAM
BEN OUI... ÇA LUI VA BIEN, JE TROUVE. SAUF QUE LÀ, JE CROIS QU'IL EST CASSÉ...
QU'EST-CE QUI VA NOUS ARRIVER ?
LE TUNNEL... IL VA SE REFERMER SUR NOUS !
?!

Pour découvrir la suite, barre la source d'énergie non renouvelable.

a. Vent **b.** Soleil **c.** Pétrole

Si tu as barré **a.** ➜ va au n° 5.
Si tu as barré **b.** ➜ va au n° 9.
Si tu as barré **c.** ➜ va au n° 12.

Recopie la source d'énergie qui fait tourner une éolienne :

C'est ton PREMIER INDICE.

N'oublie pas de le noter sur la page-indices, p. 189.

mémo 19

8

Non, c'est une phrase interrogative. La phrase impérative se termine par un point ou un point d'exclamation.

➜ Refais l'exercice du n° 4.

9

Ce n'est pas la bonne réponse. L'énergie solaire est renouvelable.

➜ Recommence l'exercice du n° 7.

IL SE RÉVEILLE !
DES... DES ROMAINS !
C'EST SÛREMENT LE DRUIDE DES GAULOIS ! JETEZ-LE-MOI EN PRISON !
QUOI ?!
C'EST UN ENFANT, JE CROIS. QUOIQUE ÇA N'EXPLIQUE PAS SON ACCOUTREMENT...
QUELLE DRÔLE DE PETITE PERSONNE...
DITES, VOUS N'AURIEZ PAS VU MA SŒUR ET MON FRÈRE, PAR HASARD ?

IL EST GRAND, IL VA SE DÉBROUILLER !
TU T'EN FAIS TROP POUR LUI...
THOMAS... OÙ EST MALCOLM ?!
QU'EST-CE QUE TU VEUX QUE J'EN SACHE, MOI ?
ET TOI, ALORS !
LÀ-DESSUS, TU N'AS PAS TORT.
SI ON RENTRE SANS LUI, PAPA VA NOUS TUER !
MAIS AU MOINS, ON AURA LA PAIX À LA MAISON !
...
LES FORTIFICATIONS QU'ON APERÇOIT, PAR LÀ-BAS... C'EST ALÉSIA ! ON Y TROUVERA SÛREMENT DES RÉPONSES !
IL Y A PLUTÔT INTÉRÊT !
CE QUE TU AS FAIT ?! TU NOUS AS EMBARQUÉS DANS TON TUNNEL SANS NOUS DEMANDER NOTRE AVIS ! VOILÀ CE QUE TU AS FAIT !
AAAAT-TEEEENDS !
OOOOOHHH
MOI ?
EUH... QU'EST-CE QUE J'AI FAIT, MOI ?

COMMENT TU SAIS TOUTES CES CHOSES ?
EH BIEN...
C'EST UNE BONNE QUESTION, À VRAI DIRE. J'AI COMME... DES TROUS DE MÉMOIRE.
TAISEZ-VOUS ET MARCHEZ, TOUS LES DEUX !
NOTRE PRIORITÉ RESTE DE RETROUVER MALCOLM.
NOUS Y VOILÀ. LAISSEZ-MOI FAIRE !
OUI, D'AILLEURS... JE PEUX SAVOIR CE QUE TU FAIS SUR MON ÉPAULE ?
J'AI DES TOUT PETITS PIEDS... JE VOUS RALENTIRAIS !
MESSIEURS LES GAULOIS, VOUS AVEZ DE LA VISITE !
OUVREZ-NOUS VOS PORTES !
CRiii
HUMPF...
PAR TOUS LES DIEUX... MAIS D'OÙ VENEZ-VOUS ? ET QUE FAITES-VOUS AVEC CETTE POULE DE FER ?!

...
JE SUIS... UNE VIEILLE CONNAISSANCE !
QUE VOULEZ-VOUS ?
TRÈS BIEN. DANS CE CAS, SUIVEZ-MOI !
AHEM... NOUS SOMMES VENUS NOUS ENTRETENIR AVEC VOTRE CHEF !
EUH...
IL EST FRAIS, TON POISSON ?
DIS DONC, CE N'EST PAS LA JOIE, PAR ICI...
COT ?
MAIS SI !
NOUS SOMMES ARRIVÉS.
ÇA ALORS...
NON...

IL N'A PAS L'AIR DANS SON ASSIETTE...
C'EST VERCINGÉTORIX !
IL Y A QUELQUE CHOSE QUI CLOCHE...
IL LUI FAUDRAIT PEUT-ÊTRE UN PEU DE REPOS, NON ?
QU'EST-CE QUE VOUS NOUS FAITES, LÀ ? VOUS ÊTES UN CHEF DE GUERRE, OUI OU NON ?
VERCINGÉTORIX !

...
RÉVEILLEZ-VOUS, BON SANG !
LE VILLAGE EST AFFAMÉ ! LA BATAILLE EST PERDUE ! IL SERAIT TEMPS DE CAPITULER, VOUS NE CROYEZ PAS ?!
CE N'EST PAS EN VOUS ENFONÇANT DANS LA MISÈRE QUE VOUS ALLEZ SAUVER VOTRE PEUPLE !
IL SUFFIT !
EUH... IL NE POUSSE PAS LE BOUCHON UN PEU LOIN, LÀ ?
À SA PLACE, JE N'AURAIS PAS OSÉ DIRE ÇA...

* PALABRES : DISCUSSIONS INTERMINABLES.

ON A COMPRIS...
OUI, OUI, ÇA VA !
VENEZ, LES ENFANTS... VOUS AVEZ ENTENDU LES ORDRES DU CHEF. IL FAUT PARTIR.
C'EST SÛR QUE SI ON VOULAIT FAIRE BONNE IMPRESSION, C'EST RATÉ !
NOUS VOILÀ BREDOUILLES... ET TU NE M'AS MÊME PAS LAISSÉE L'INTERROGER AU SUJET DE MALCOLM !
CET HOMME MASQUÉ N'A PAS SA PLACE ICI.
J'IGNORE QUI C'EST... MAIS JE METTRAIS MES AIGUILLES À COUPER QU'IL EST À L'ORIGINE DE MON PROBLÈME DE MÉMOIRE !
VOUS N'Y ÊTES PAS, LES ENFANTS...

QUE FAIT CET HOMME MASQUÉ AUPRÈS DE VERCINGÉTORIX ?

Si tu veux en savoir davantage sur cet homme masqué, résous l'exercice suivant :

Le tracé au sol de la tente de Vercingétorix représente un carré.
Son périmètre est de 20 m, son aire est de 25 m².

Quelle est la longueur d'un côté ?

....

Si tu as répondu 4 m → va au n° 2.
Si tu as répondu 5 m → va au n° 4.

mémo 13

11

Tu t'es trompé(e). « à Marie » est un COI et non un attribut du sujet.
→ Recommence l'exercice du n° 1.

12

Bravo ! Tu peux te rendre au n° 13 du chapitre 2 page 39 pour lire la suite.

13
OH, MON CHER ESTÉBAN, COMME IL ME TARDE DE VOUS RETROUVER !
AUJOURD'HUI, NOUS ALLONS VOIR LE DÉPART DES NAVIRES DE MONSIEUR COLOMB...
... ET BIENTÔT, J'AURAI L'HONNEUR D'ÊTRE VOTRE FEMME !
UNE CHANCE QUE PÈRE ET MÈRE SOIENT PARTIS AU MARCHÉ.
TZZIIIIING
SI QUELQU'UN M'ENTENDAIT PARLER SEULE, ON ME PRENDRAIT SÛREMENT POUR UNE FOLLE !
HI HI HI

CHAPITRE 2
VERS L'AMÉRIQUE ET AU-DELÀ !

MAIS...
CE N'EST PAS LA MAISON !
OÙ SOMMES-NOUS ?
HFF
HFF
HFF
HFF
POUAAH... TROP GÊNANT !
...
C'EST L'HISTOIRE D'UNE HORLOGE...
KRONO S'EST RÉVEILLÉ... MAIS CE N'EST PAS ENCORE ÇA !
TU VEUX DIRE « QUAND » SOMMES-NOUS ?

SANS KRONO, ON EST CONDAMNÉS À RESTER COINCÉS ICI JUSQU'À LA FIN DE NOTRE VIE !
FICHUUUUS !
SI ON N'ARRIVE PAS À LE FAIRE MARCHER PLUS QUE ÇA...
... ON EST...
ON VA DEVENIR... DES MENDIANTS DU FUTUR !
TU M'ÉCOUTES, AU MOINS ?
PFFF ! C'EST ÇA, OUI... BON COURAGE POUR TROUVER UN RÉPARATEUR DE MACHINES TEMPORELLES À CETTE ÉPOQUE !
N'IMPORTE QUOI ! ON N'A QU'À ALLER CHEZ LE RÉPARATEUR !
CE N'EST PAS VRAI ! IL A ENCORE DISPARU !

?
EXCUSEZ-MOI, MONSIEUR... VOUS NE SAURIEZ PAS OÙ TROUVER UN RÉPARATEUR, PAR HASARD ?
MAIS QU'EST-CE QU'IL FAIT ?!
UN RÉPARATEUR ?
HMM... MAIS OUI ! VOUS DEVRIEZ ALLER VOIR LE VIEUX LEONARDO !
?
GÉNIE À LOUER
DEPUIS QU'IL S'EST INSTALLÉ ICI, IL N'Y A PAS MEILLEURE ADRESSE !
MERCI !

TOC TOC
GÉNIE À LOUER
TOC TOC TOC
SI ÇA SE TROUVE, IL A DÛ S'ABSENTER ?
RÉESSAIE !
OUI, OUI... J'ARRIVE !
DES ENFANTS ?! QUE ME VOULEZ-VOUS ?!

HMM… ENTREZ DONC. JE VAIS Y JETER UN ŒIL.
MAIS VITE… J'AI UNE COMMANDE URGENTE SUR LE FEU !
BEN… C'EST NOTRE HORLOGE. ELLE EST DANS UN SALE ÉTAT…
POSEZ-LA SUR MON ÉTABLI ET, SURTOUT, NE TOUCHEZ À RIEN.
MALCOLM… TU AS ENTENDU ?!
UNE HORLOGE CASSÉE… ON AURA TOUT VU…
LAISSEZ-MOI FAIRE ! J'ADORE LA MÉCANIQUE !
…
NE RESTEZ PAS LÀ, RENDEZ-VOUS UTILES !
ALLEZ CHERCHER MA BOÎTE À ROUAGES, PAR EXEMPLE…

OOOOH... J'AI MAL À LA TÊTE...
VOID COMPANY
LES ENFANTS. OÙ AVEZ-VOUS TROUVÉ CETTE MACHINE ?
NON... C'EST IMPOSSIBLE !
ELLE ÉTAIT DANS LE GRENIER DE NOS GRANDS-PARENTS. MAIS... À VRAI DIRE, JE NE SAIS PAS TROP CE QU'ELLE FAISAIT LÀ.
POURQUOI ?
PARCE QUE CETTE MACHINE...
C'EST MOI QUI L'AI CRÉÉE !

COMMENT KRONO A-T-IL PU ÊTRE CRÉÉ PAR CET HOMME ?

Avant de découvrir la réponse du réparateur, entoure la fraction égale à 0,25.

a. $\frac{1}{2}$ **b.** $\frac{1}{4}$ **c.** $\frac{250}{100}$

Si tu as entouré **a.** → va au n° 18.
Si tu as entouré **b.** → va au n° 19.
Si tu as entouré **c.** → va au n° 20.

mémo 9

14

Tu t'es trompé(e). Consulte le mémo 15 pour en savoir plus sur les moyens de transport au XVIIIe siècle.

→ Retourne à l'exercice du n° 19.

15

Il fallait écrire : **a.** partie – **b.** voulu – **c.** arrivés.

Si tu as fait des erreurs, lis le mémo 4.

→ Puis rends-toi au n° 16.

16

D'AILLEURS, JE NE VOIS PAS POURQUOI LÉONARD DE VINCI NOUS L'A ENVOYÉE...
IL AVAIT L'AIR PANIQUÉ... JE SUIS SÛRE QUE C'EST LA CLÉ DE...
JE NE SAIS PAS POURQUOI TU T'OBSTINES À REGARDER CETTE CHOSE... ELLE NE NOUS SERT À RIEN.
...PROBABLEMENT QU'UNE MANŒUVRE POUR ÉVITER UN OBSTACLE... UNE ÎLE OU JE NE SAIS QUOI. C'EST ASSEZ COURANT EN NAVIGATION.
EN REVANCHE, MA CLOCHE NE CESSE DE ME TITILLER LES AIGUILLES. JE SUIS PRÊT À PARIER QUE NOUS N'EN AVONS PAS TERMINÉ...
OUI ! ELLE MONTRE LE SUD, MAINTENANT !
HEIN ?!
ÇA Y EST... L'HISTOIRE EST PERDUE, ET ON NE PEUT RIEN FAIRE POUR LA SAUVER !
ALLONS, ALLONS... NE PANIQUEZ PAS TOUT DE SUITE, LES ENFANTS.
CE N'EST...
ELLE A BOUGÉ !
L'AIGUILLE A BOUGÉ !

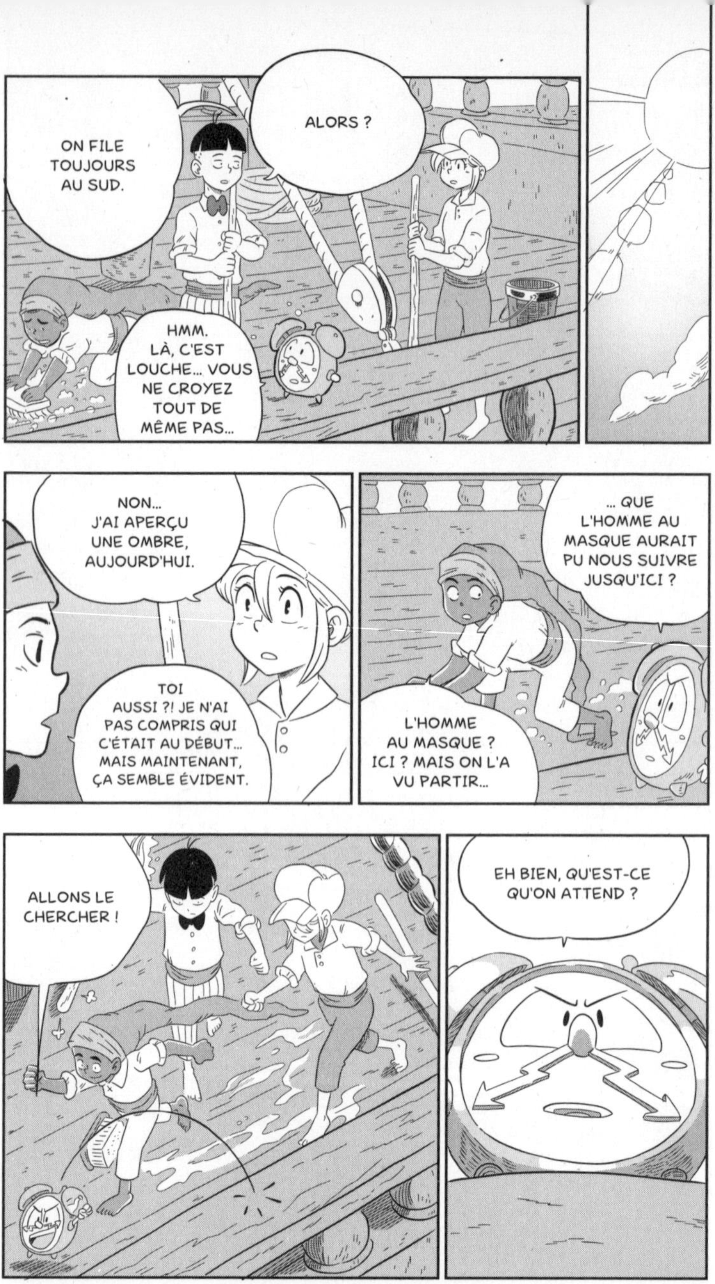
ALORS ?
ON FILE TOUJOURS AU SUD.
HMM. LÀ, C'EST LOUCHE... VOUS NE CROYEZ TOUT DE MÊME PAS...
... QUE L'HOMME AU MASQUE AURAIT PU NOUS SUIVRE JUSQU'ICI ?
L'HOMME AU MASQUE ? ICI ? MAIS ON L'A VU PARTIR...
NON... J'AI APERÇU UNE OMBRE, AUJOURD'HUI.
TOI AUSSI ?! JE N'AI PAS COMPRIS QUI C'ÉTAIT AU DÉBUT... MAIS MAINTENANT, ÇA SEMBLE ÉVIDENT.
EH BIEN, QU'EST-CE QU'ON ATTEND ?
ALLONS LE CHERCHER !

PERSONNE ICI.
ICI NON PLUS.
RIEN À SIGNALER !
CE QUI NE NOUS LAISSE PLUS QUE LA CABINE DE COLOMB !
QUI EST ENTRÉ DANS MA CABINE ?!
J'AI COMME UNE IMPRESSION DE DÉJÀ-VU, LÀ...
COMMENT ?! ENCORE VOUS ?

VOTRE VAISSEAU A ÉTÉ DÉTOURNÉ, MONSIEUR !
PARDON ? D'OÙ SORS-TU UNE IDÉE PAREILLE ?
MONSIEUR COLOMB !
VOUS !
LUI-MÊME ! IL A RÉUSSI À SE FAUFILER SUR LE BATEAU… ET C'EST AVEC CE COMPAS TRUQUÉ QU'IL NOUS A DÉVIÉS DE NOTRE TRAJECTOIRE !
MAIS ALORS… MON COMPAS DISPARU… C'EST VOUS QUI VOUS EN ÊTES EMPARÉ ?
ET IL ÉTAIT EN TRAIN DE MODIFIER LES ENTRÉES DE VOTRE JOURNAL… POUR QUE VOUS NE VOUS DOUTIEZ DE RIEN, SÛREMENT !
COMMENT ?!
QUEL AFFRONT… COMMENT OSEZ-VOUS TROMPER UN NAVIGATEUR ?!
SWIIIIP
SUIVEZ-MOI SANS FAIRE D'HISTOIRE… VOUS ÊTES LE PRISONNIER DE LA COURONNE D'ESPAGNE !
JUSTEMENT ! L'HISTOIRE, C'EST MOI QUI LA FAIS, À PRÉSENT.

* PLEUTRE : VIEILLE INSULTE. DÉSIGNE UN HOMME SANS COURAGE.

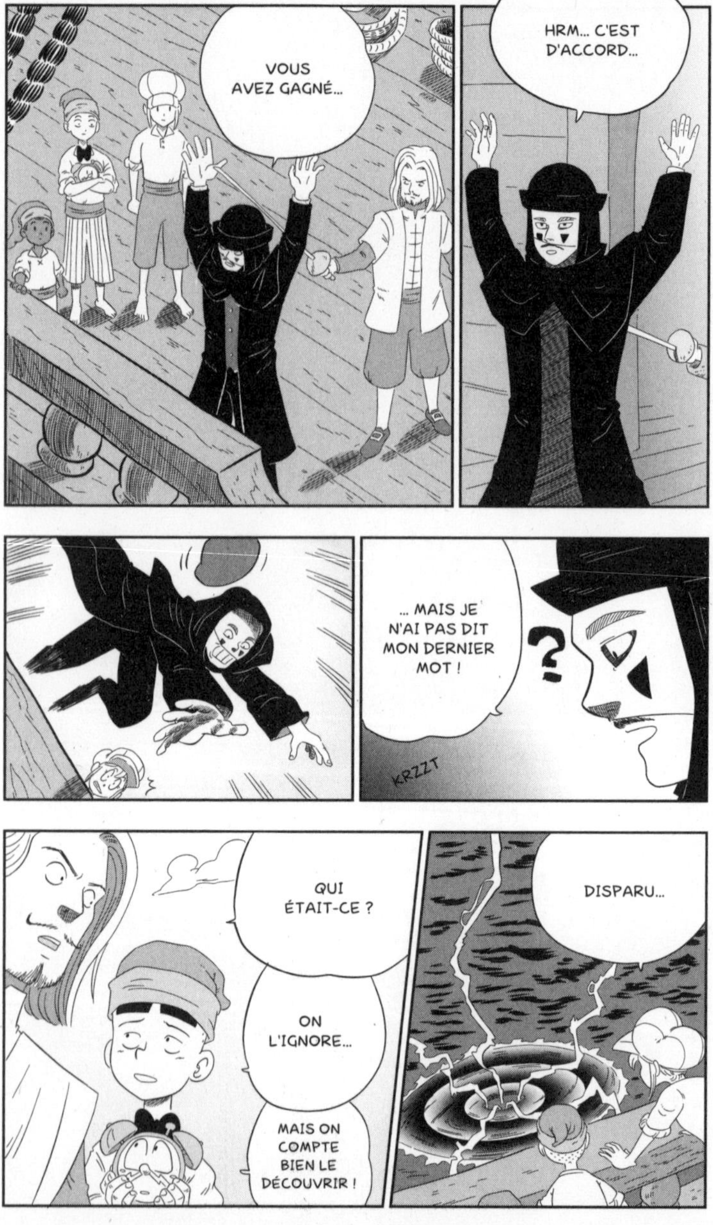
VOUS AVEZ GAGNÉ...
HRM... C'EST D'ACCORD...
... MAIS JE N'AI PAS DIT MON DERNIER MOT !
?
KRZZT
QUI ÉTAIT-CE ?
ON L'IGNORE...
MAIS ON COMPTE BIEN LE DÉCOUVRIR !
DISPARU...

C'EST POUR VOUS ! VOUS NE RISQUEZ PAS DE TROUVER L'AMÉ... DE REJOINDRE LES INDES, SI VOUS NE POUVEZ PAS VOUS FIER À VOTRE COMPAS !
TADADADA
AU NOM DE LA COURONNE D'ESPAGNE... PERMETTEZ-MOI DE VOUS REMERCIER. SANS VOUS, NOTRE EXPÉDITION ÉTAIT COMPROMISE.
AH, JUSTEMENT !
SUPER ! ALORS... QUAND EST-CE QU'ON PART ?
MES ROUAGES ME DISENT QU'ON A BESOIN DE NOUS AILLEURS... À UNE AUTRE ÉPOQUE !
SI ON DOIT DÉCOUVRIR QUI SE CACHE DERRIÈRE LE MASQUE... C'EST QU'ON NE RENTRE PAS ENCORE À LA MAISON, N'EST-CE PAS ?
NON, EFFECTIVEMENT.
BIEN... ET QUI VA NETTOYER LE PONT, MAINTENANT ?
MAINTENAAAANT !

À QUELLE ÉPOQUE VONT-ILS ATTERRIR ?

Si tu sais écrire la date « 1492 » en lettres, tu dois pouvoir écrire en chiffres les nombres suivants.

a. Un-million-quatre-cent-quatre-vingt-dix-mille

....

b. Trois-milliards-trois-millions-trois-mille-trois

....

c. Mille-huit-cent-quatre-vingt-dix-huit

....

→ Vérifie tes réponses au n° 22.

Recopie la réponse c. : ....

C'est ton DEUXIÈME INDICE.

Note-le sur la page-indices, p. 189.

mémo 8

17

Ce n'est pas la bonne réponse. Consulte le mémo 15.

→ Refais l'exercice du n° 19.

18

Non, $\frac{1}{2}$ se lit « un demi » et signifie la moitié.

Il s'écrit également 0,5.

→ Retourne à l'exercice du n° 13.

PFFF. TU EN AS D'AUTRES, DES QUESTIONS STUPIDES ?!
OH, C'EST VRAI QUE TU AS MANQUÉ TOUTES LES EXPLICATIONS DE KRONO... TU TE TAIS, SI JE TE RÉPONDS ?
OUI, C'EST PROMIS !
DIS, POURQUOI ON N'EST PAS RESTÉS AVEC MARIE ET LE VIEUX MONSIEUR ?
ET POURQUOI ON A CHANGÉ DE VÊTEMENTS ?
TU CROIS QU'IL A UNE TORTUE ?
ET DES LUNETTES DE SOLEIL ?
ALORS, ON EST PARTIS À LA PÊCHE AUX INDICES.
LE TUNNEL DE TOUT À L'HEURE, C'ÉTAIT UN PORTAIL TEMPOREL, UN PASSAGE ENTRE LES ÉPOQUES, SI TU PRÉFÈRES... SAUF QUE C'EST CENSÉ ÊTRE IMPOSSIBLE !
BREF, TU VOIS L'HOMME MASQUÉ QU'ON A FAIT FUIR, CHEZ VERCINGÉTORIX ? IL N'AVAIT RIEN À FAIRE LÀ-BAS... ET SA PRÉSENCE A CAUSÉ UNE SORTE DE FAILLE TEMPORELLE QUI A FAIT DYSFONCTIONNER KRONO. AUTREMENT DIT, JE PENSE QUE SI ON EST ICI, C'EST QU'UN AUTRE ÉVÉNEMENT DE L'HISTOIRE EST MENACÉ...

EXCUSEZ-MOI...
SI SEULEMENT ON SAVAIT À QUELLE ÉPOQUE ON EST... ÇA NOUS AIDERAIT À SAVOIR CE QUI DOIT SE PASSER PROCHAINEMENT.
EH BIEN, POUR LES NAVIRES DE CHRISTOPHE COLOMB ! ILS DOIVENT LEVER L'ANCRE CET APRÈS-MIDI !
CHRISTOPHE... COLOMB ?
VOUS N'ÊTES DONC PAS AU COURANT ?
DE QUOI ?
LUI-MÊME ! IL PRÉTEND TROUVER LES INDES EN VOGUANT VERS LES MONSTRES QUI PEUPLENT L'OCÉAN, À L'OUEST. QUELLE FOLIE !

VOUS ÊTES DES VOYAGEURS VENUS D'UNE AUTRE ÉPOQUE...
... DANS VOTRE SOUPE ?
... VOUS ÊTES LE GRAND LÉONARD DE VINCI... ET VOUS AVEZ VU LE MÉCANISME QUI PERMET L'OUVERTURE DU FLUX TEMPOREL...
DONC, SI JE COMPRENDS BIEN...
... GRÂCE À LA PETITE HORLOGE QUE VOUS AVEZ TROUVÉE DANS LE GRENIER DE VOS GRANDS-PARENTS.
JE VEUX DIRE... JE SAVAIS QUE LE VOYAGE TEMPOREL ÉTAIT POSSIBLE...
C'EST LÀ QUE VOUS AVEZ CONSTRUIT UN PROTOTYPE DE KRONO...
... QUI VOUS PERMETTRAIT DE VOYAGER DANS LE TEMPS ?
MAIS JE NE M'ATTENDAIS VRAIMENT PAS À CE QUE VOUS VENIEZ FRAPPER À MA PORTE.
... J'EN AI MOI-MÊME FAIT L'EXPÉRIENCE...
PROTOTYPE KRONO 1.

MAIS C'ÉTAIT QUEL GENRE DE SOUPE, AU JUSTE ?
ÇA EXPLIQUE QUE VOUS AYEZ TOUT CE QU'IL FAUT POUR RÉPARER KRONO... SINON, VOUS N'AURIEZ JAMAIS PU FABRIQUER SON GRAND FRÈRE.
VOUS AVEZ DÉJÀ PRÉSERVÉ LE FLUX TEMPOREL DE LA CATASTROPHE EN LIVRANT ALÉSIA AUX ROMAINS TEL QU'IL EST ÉCRIT DANS LES LIVRES D'HISTOIRE...
PARCE QUE, MOI, LA SOUPE, ÇA NE M'A JAMAIS INSPIRÉE...
C'EST UNE CHANCE... CAR LA MOINDRE ALTÉRATION DU TISSU TEMPOREL AURAIT DES RÉPERCUSSIONS DÉFINITIVES SUR LE PRÉSENT... LE MIEN, COMME LE VÔTRE !

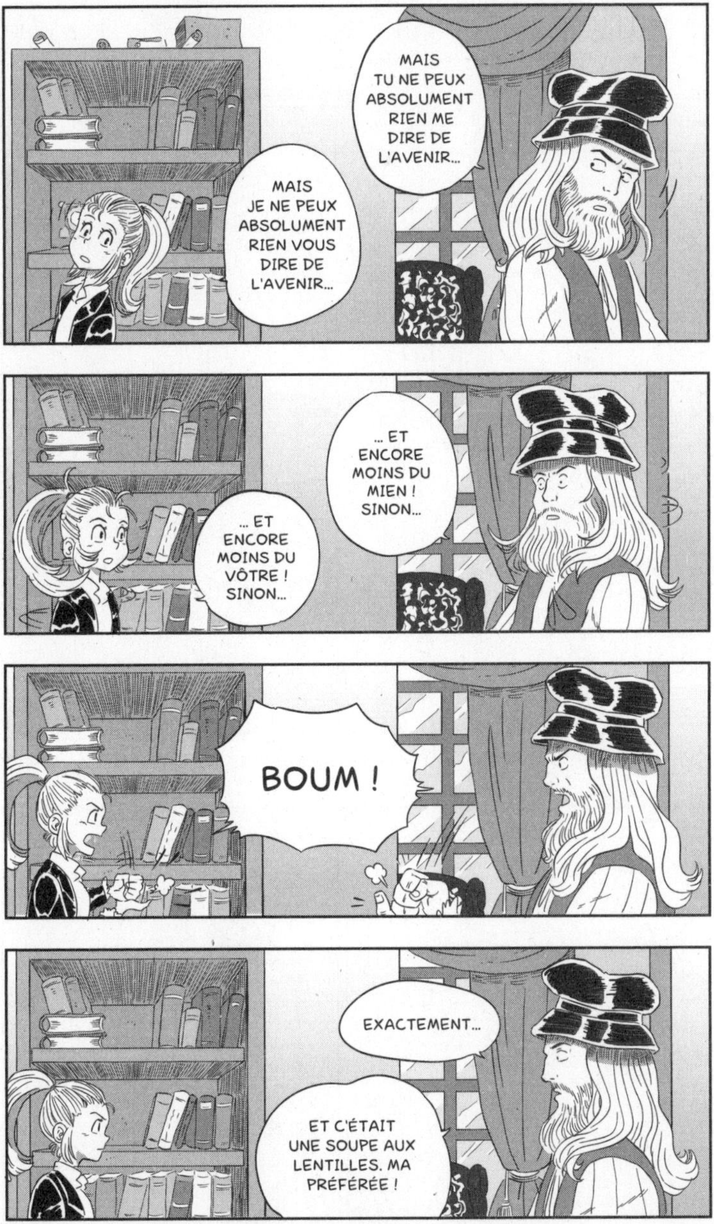
MAIS TU NE PEUX ABSOLUMENT RIEN ME DIRE DE L'AVENIR...
MAIS JE NE PEUX ABSOLUMENT RIEN VOUS DIRE DE L'AVENIR...
... ET ENCORE MOINS DU MIEN ! SINON...
... ET ENCORE MOINS DU VÔTRE ! SINON...
BOUM !
EXACTEMENT...
ET C'ÉTAIT UNE SOUPE AUX LENTILLES. MA PRÉFÉRÉE !

J'AI FAIT UN VILAIN RÊVE...
AOUTCH !
JE CROIS QUE JE VIENS DE FINIR !
BIEN... OÙ EN ES-TU DE TES RÉPARATIONS ?
ENFIN. ÇA TOMBE À PIC. MOI AUSSI, JE TERMINE TOUT JUSTE.
?
FÉLICITATIONS, JEUNE FILLE... TU ES BIEN PLUS DOUÉE QUE JE NE L'IMAGINAIS !
MERCI ! JE CROIS QUE C'EST CET ATELIER QUI M'A INSPIRÉE !
KRONO, TU AS DIT ? JE N'AVAIS PAS ENCORE DE NOM POUR MON PROTOTYPE...
J'AIME BEAUCOUP CELUI-CI.
PAPA ?
...
UN COMPAS DE NAVI-GATION TRUQUÉ POUR FAIRE UNE VILAINE BLAGUE...

REGARDE, THOMAS... C'EST LA MER !
À L'ÉCOLE, Mme BOUVIER M'A APPRIS QUE LES GENS DE CETTE ÉPOQUE ÉTAIENT ENCORE PERSUADÉS QUE LA TERRE ÉTAIT PLATE... ET QU'IL Y AVAIT UN ÉNORME PRÉCIPICE AU BOUT DES OCÉANS !
PARLE MOINS FORT... MOINS ON ATTIRE L'ATTENTION SUR NOUS, MIEUX C'EST !
ET IL A DÉCOUVERT L'AMÉRIQUE PAR LA MÊME OCCASION !
C'EST JUSTEMENT CHRISTOPHE COLOMB QUI A PROUVÉ QUE LES MONSTRES DONT PARLAIT LE MONSIEUR DE TOUT À L'HEURE N'EXISTAIENT PAS...

VOILÀ
LA PINTA, LA NIÑA ET
LA SANTA MARIA !
C'EST L'HOMME AU MASQUE !
?
TIENS, REGARDE...
JE N'ARRIVE PAS À EN CROIRE MES YEUX...

L'HOMME MASQUÉ LES SUIT-IL ?

Pour le découvrir, fais appel à tes connaissances.

La machine à vapeur, perfectionnée en 1763 par James Watt, a permis d'actionner les machines suivantes, sauf une. **Laquelle ?**

a. le train

b. le vélo

c. le bateau

Si tu as répondu **a.** ➜ va au n° **14**.
Si tu as répondu **b.** ➜ va au n° **21**.
Si tu as répondu **c.** ➜ va au n° **17**.

mémo 15

20

Ce n'est pas la bonne réponse. $\frac{250}{100}$ est supérieur à 1 et s'écrit 2,5.

➜ Recommence l'exercice du n° **13**.

21
AH...
ÇA VA MIEUX ?
JE SUIS EN PLEINE FORME !
VOILÀ LE PAQUET !
PARFAIT. JE M'EN VAIS DE CE PAS LE REMETTRE À QUI DE DROIT.
M. SANCHEZ ?
M. DE VINCI...
BIEN. MAINTENANT QUE JE ME SUIS DÉBARRASSÉ DE CE COMPAS, ALLONS RETROUVER TES FRÈRES !
S'ILS ONT EU UN PEU DE JUGEOTE, ILS ONT DÛ SE DIRIGER...

... VERS LES QUAIS.
N'IMPORTE QUOI... TU VAS RÉUSSIR À NOUS ATTIRER DES ENNUIS !
POULE MOUILLÉE !
QU'EST-CE QU'ON ATTEND ? ON N'A QU'À LUI SAUTER DESSUS ET LUI RÉGLER SON COMPTE !
TOC TOC
ENTREZ !

SBAM
ENCORE VOUS ?! JE PEUX SAVOIR CE QUI VOUS AMÈNE, CETTE FOIS ?
C'EST LUI !
QUI ÇA ? JE NE VOIS RIEN !
C'EST CHRISTOPHE COLOMB !
GRRR...
JE REGRETTE... MAIS JE ME DOIS D'INSISTER. PARTIR VERS L'OUEST EST BIEN TROP DANGEREUX ! ALLEZ PAR LE SUD, JE VOUS EN CONJURE !

DE QUEL DROIT VOUS PERMETTEZ-VOUS DE VOUS MÊLER DE MES AFFAIRES ? J'AI ÉTÉ MISSIONNÉ PAR LA REINE ISABELLE DE CASTILLE EN PERSONNE POUR TROUVER UNE ROUTE MARITIME VERS LES INDES... ET J'ENTENDS LA TROUVER À L'OUEST !
JE N'AI PAS DE LEÇON À RECEVOIR DE VOUS ! HORS DE MA VUE !
COMME IL VOUS PLAIRA...
MAIS JE PRÉFÈRE VOUS PRÉVENIR, COLOMB... C'EST UN VOYAGE DONT VOUS NE REVIENDREZ PAS !
ADIEU, DONC !

VITE, IL FAUT PRÉVENIR MARIE !
DE QUOI ?
ON A RÉUSSI !
IL EST PARTI !
EH BIEN, FIGUREZ-VOUS QUE L'HOMME AU MASQUE ÉTAIT LÀ ! ET, SANS VOULOIR ME VANTER, JE CROIS QUE MALCOLM ET MOI AVONS SAUVÉ LE MONDE !
ON L'A FAIT FUIR... ET SANS L'AIDE DE PERSONNE !
KRONO !
QU'EST-CE QUE VOUS AVEZ FAIT, ENCORE ?
OH, C'EST UNE CATASTROPHE !
TU ES DÉGUISÉE EN GARÇON ?
PUISQUE JE VOUS DIS QUE TOUT VA BIEN !
TU ES SÛR DE TOI ? PARCE QUE J'AI LE CADRAN QUI ME DÉMANGE... ET CE N'EST JAMAIS BON SIGNE !

VOUS, LÀ-BAS !
MON ÉQUIPAGE ! IL... OH !
EUH... J'AI POUR AINSI DIRE UN PETIT CONTRETEMPS AVEC MON ÉQUIPAGE. VOUS N'AURIEZ PAS ENVIE DE PARTIR À L'AVENTURE, PAR HASARD ?
C'EST D'ACCORD ! ON ACCEPTE !
BONNE NOUVELLE ! EMBARQUEZ SANS ATTENDRE, NOUS LEVONS L'ANCRE !
ON DEVRAIT ACCEPTER, LES ENFANTS. SI LE FLUX TEMPOREL EST ENCORE MENACÉ, IL VAUT MIEUX RESTER PRÈS DE LUI.

TOI, TU AS UN GRAND AVENIR DEVANT TOI !
MERCI POUR TOUT, M. DE VINCI !
AU REVOIR !
AU REVOIR, PÈRE.
AU REVOIR, LES ENFANTS !
FAITES BIEN ATTENTION À VOUS !

JE N'Y CROIS PAS... QUELLE FRIPOUILLE !
BON VOYAGE !
AH, JE SAIS !
SCRITCH SCRITCH
COMMENT FAIRE...?
ATTRAPE !
MARIE !
?!
JE L'AI !

Si tu veux connaître la suite, complète avec le bon participe passé :

a. Marie était .... la première. *(partir)*
b. Malcolm et Marie ont .... rester. *(vouloir)*
c. Thomas et son frère sont .... au bon endroit. *(arriver)*

→ Vérifie tes réponses au n° 15.

mémo 4

22

As-tu trouvé : **a.** 1 490 000 – **b.** 3 003 003 003 – **c.** 1 898 ?

→ Si tu as fait des erreurs, consulte le mémo 8.
→ Si tes réponses sont correctes et si tu as bien laissé un espace entre les classes de nombres, rends-toi au n° 23 du chapitre 3 page 75 pour découvrir la suite des aventures.

23
RMM... PFFFF !
KZZZT
KZZZT
HRRM... J'AIMERAIS REMERCIER... MA MÈRE... ET TOUS CEUX QUI M'ONT SOUTENUE...
BAM
KZZRT !
CHUUUT !
TIC
J'AI DIT "CHUUUT" ! TU NE PEUX PAS RETENIR TES AIGUILLES RIEN QU'UNE SECONDE ?

CHAPITRE 3
DÉCOUVERTES SCIENTIFIQUES

AH, MAIS BIEN SÛR ! VOUS DEVEZ ÊTRE LES JEUNES ASSISTANTS DE LABORATOIRE QUE J'AI DEMANDÉS LA SEMAINE PASSÉE. VOUS AVEZ UN PEU D'AVANCE... ENFIN, JE NE VAIS PAS M'EN PLAINDRE !
DES ENFANTS.
OH, VOUS ÊTES...
ET VOUS... VOUS ÊTES... MARIE CURIE ?
VOUS AVEZ DIT... DE LABORATOIRE ?
OUI... MON LABORATOIRE ! VOUS ÊTES SÛRS QUE VOUS ÊTES BIEN CEUX QUE J'ATTENDAIS ? VOUS NE M'AVEZ PAS L'AIR BIEN RENSEIGNÉS...
OH... C'EST UN AMI ! IL S'APPELLE KRONO... ET SANS LUI, ON NE SERAIT JAMAIS ARRIVÉS À TEMPS !
TIENS... QUELLE DRÔLE DE CRÉATURE ! QU'EST-CE QUE C'EST ?
SI, SI, C'EST BIEN NOUS ! DE PARFAITS PETITS ASSISTANTS ! ET ON EST VENUS SPÉCIALEMENT POUR VOUS AIDER !

OH, MAIS C'EST QU'IL EST SEPT HEURES !
TIENS, PUISQUE L'ON PARLE DU TEMPS...
ALLEZ DONC ENFILER LES VÊTEMENTS QUE JE VOUS AI PRÉPARÉS. J'ESPÈRE QU'ILS SERONT À VOTRE TAILLE...
BAH... QUOI QU'IL ARRIVE, IL VAUDRA MIEUX DES VÊTEMENTS TROP COURTS QUE CE DRÔLE D'ACCOUTREMENT !
VITE, IL FAUT NOUS DÉPÊCHER OU NOUS ALLONS NOUS METTRE EN RETARD !
AU FAIT... POUR QUOI SERIONS-NOUS EN RETARD ?
TADA!!
FLIP
UNE BLOUSE ?! AVEC PLAISIR !

NOUS DEVONS REJOINDRE LES QUAIS AU PLUS VITE...
UNE VOITURE NOUS ATTEND.
MAIS ALORS... POURQUOI NOUS AVOIR DONNÉ DES BLOUSES, SI CE N'EST PAS POUR FAIRE DE LA SCIENCE ?
OH. ON SORT DÉJÀ ?
OU NOUS RISQUONS DE MANQUER LA LIVRAISON !
EN TOUT CAS, APRÈS AVOIR PASSÉ UNE SEMAINE SUR CE BATEAU, MOI, JE NE DIS PAS NON AU CONFORT D'UNE VRAIE VOITURE !
CELUI QUI SE PRÉTEND SCIENTIFIQUE SE DOIT D'EN AVOIR L'HABIT, JEUNE HOMME !

OH...
NON, MALCOLM...
JE CROIS QUE C'EST ÇA, NOTRE VOITURE.
BEN... ELLE EST PARTIE SANS NOUS ?
OUI, BIEN SÛR. J'ATTENDS LA PECHBLENDE QUE J'AI COMMANDÉE !
VOUS PARLIEZ D'UNE LIVRAISON ?
PFFF...

ET COMME JE TIENS À M'ASSURER QU'ELLE PARVIENNE JUSQU'À MOI, CETTE FOIS, JE VEUX ALLER Y JETER UN ŒIL AVANT QUE LE LIVREUR NE L'APPORTE AU LABORATOIRE.
ELLE A DÛ ARRIVER TRÈS TÔT CE MATIN.
ALORS, ON VA CHERCHER QUELQUE CHOSE QUI DOIT NOUS ÊTRE LIVRÉ ? QUELLE IDÉE…
PARDONNEZ-MOI, MAIS… VOUS NOUS AVEZ PARLÉ DE PECHBLENDE SANS QU'ON SACHE EXACTEMENT DE QUOI IL S'AGIT.
C'EST ASSEZ SIMPLE, EN RÉALITÉ. LA PECHBLENDE EST UNE PIERRE QUI PRÉSENTE UNE PARTICULARITÉ ÉTRANGE.
ELLE CONTIENT BEAUCOUP D'URANIUM… MAIS GÉNÈRE PLUS DE RADIOACTIVITÉ. AUSSI, J'AI DÉCIDÉ D'EN SÉPARER LES COMPOSANTS POUR MIEUX COMPRENDRE L'ORIGINE DE CES RAYONNEMENTS ENCORE INEXPLIQUÉS. POUR CE FAIRE, J'AI DONC COMMANDÉ PLUSIEURS CARGAISONS DE PECHBLENDE… QUI ONT UNE FÂCHEUSE TENDANCE À DISPARAÎTRE.
ALORS, CETTE FOIS, J'EN AI COMMANDÉ UNE TONNE, ET JE COMPTE BIEN LA RAPPORTER AU LABORATOIRE… OU BIEN DÉCOUVRIR OÙ ELLE DISPARAÎT !
UNE TONNE ?!

GRMBL...
HEIN ?!
ET VOILÀ... ON A LE TOUT ! ÇA VALAIT BIEN LA PEINE DE REFAIRE UN VOYAGE !
ON AURAIT PU SE DÉBROUILLER POUR EMPORTER ÇA AVEC LES PRÉCÉDENTS !
VOUS, LÀ-BAS ! ARRÊTEZ-VOUS !
VITE... IL FAUT PARTIR !
PAUL !

Pour le découvrir, réponds à cette question.

Marie Curie étudie la matière.

Et toi, sais-tu, parmi ces différents matériaux, lequel n'est pas d'origine naturelle ?

a. le plastique ❒
b. le bois ❒
c. le cuir ❒

Si tu as coché **a.** ➜ va au n° 29.
Si tu as coché **b.** ➜ va au n° 27.
Si tu as coché **c.** ➜ va au n° 33.

mémo 18

24

Ce n'est pas la bonne réponse. Le contraire est exprimé par d'autres préfixes, comme **dé-** (*décoloré*), **in-** (*inconnu*), **ir-** (*irréel*), **mal-** (*malheureux*), **mé-** (*mécontent*).

➜ Retourne à l'exercice du n° 29.

25

Tu t'es trompé(e). As-tu mesuré les trois côtés ? Ils sont égaux, il s'agit donc d'un triangle équilatéral.

➜ Retourne à l'exercice du n° 26.

26
JE ME DOUTAIS, VOYEZ-VOUS, QUE VOUS ME SUIVRIEZ JUSQU'ICI. JE SAVAIS QUE VOUS TROUVERIEZ LE MOYEN DE LANCER MARIE CURIE SUR MA PISTE.
HMMMF !
OH, IL NE SERT À RIEN DE VOUS DÉBATTRE. CETTE FOIS, VOUS NE M'ÉCHAPPEREZ PAS.
HRRNG !
ALORS, JE ME SUIS DIT : « POURQUOI NE PAS FAIRE D'UNE PIERRE DEUX COUPS ET ME DÉBARRASSER DE LA SCIENTIFIQUE EN MÊME TEMPS QUE DE SON ŒUVRE ? »
JE SAIS, C'EST CRUEL… MAIS ÇA N'A RIEN DE PERSONNEL.
J'AI DANS L'IDÉE QUE LE PROGRÈS N'EST PAS UNE AUSSI BONNE CHOSE QU'ON AIMERAIT NOUS LE FAIRE CROIRE… ET VOUS, VOUS EN ÊTES LE VISAGE !

QUANT À VOUS, BANDE DE PETITS PARASITES...
POC
VOUS M'AVEZ MIS BIEN ASSEZ DE BÂTONS DANS LES ROUES COMME ÇA.
C'EST ICI QUE VOTRE AVENTURE TEMPORELLE S'ACHÈVE.
MAIS CONSOLEZ-VOUS : DEMAIN, VOUS FEREZ LA UNE DES JOURNAUX !
TAC

CETTE FOIS, ÇA Y EST ! ON EST FICHUS !
TIC
TAC
JE SAIS QUE JE N'AI PAS TOUJOURS ÉTÉ SYMPA AVEC VOUS... MAIS JE VOUS AIME QUAND MÊME !
TIC
TIC
JE SUIS LA SEULE À ENTENDRE CE « TIC TAC » ?! ÇA VA ME RENDRE FOLLE !
TAC
TIC
TAC
NE BOUGEZ PAS... JE VAIS VOUS DÉLIVRER !
J'AI RÉUSSI !
ET SI JE POUVAIS AVOIR RIEN QU'UN PEU DE CALME... PEUT-ÊTRE QUE JE POURRAIS ME CONCENTRER !
C'EST MOI !
TIC
TAC

ÉVIDEMMENT, TU FAIS PASSER LES GRANDS AVANT NOUS !
C'EST PARCE QUE CE N'EST PAS MOI QUI T'AI SORTI DU COFFRE ?
TU AS DE LA RESSOURCE !
BRAVO, PETITE HORLOGE !
DONNE-MOI LA MAIN, MALCOLM !
VITE... IL FAUT SORTIR DE LÀ AVANT QUE LE TOIT NE NOUS TOMBE SUR LA TÊTE !
AU FEU ! APPELEZ LES POMPIERS !
HNNNG ! VITE ! SORTEZ, LES ENFANTS...
ET ÉLOIGNEZ-VOUS DU BÂTIMENT !
JE DOIS AIDER LES AUTORITÉS À SAUVER LA PECHBLENDE !

ALORS, QU'EST-CE QU'ON ATTEND ? ATTRAPONS-LES !
REGARDEZ ! C'EST EUX !
HÉ ! VOUS, LÀ-BAS ! PAS SI VITE !
FUIIIIII !
VOUS ALLEZ ENCORE ME FAIRE COURIR, LÀ ?!
QUOI ?
TU PEUX TOUJOURS RESTER ICI, SI TU VEUX !
NON... ATTENDEZ-MOI ! NE ME LAISSEZ PAS TOUT SEUL !
DING

ARRÊTEZ-VOUS ! JE SUIS TROP VIEUX POUR COURIR !
HFF ! HFF !
ÇA NE SERT À RIEN… ON NE LES RATTRAPERA PAS !
HFF ! ENCORE… HFF ! CETTE IMPRESSION DE DÉJÀ-VU !
KLING
J'AI UNE IDÉE ! CONTINUEZ À LES SUIVRE !
SHLAK
SSSKKRRR…

ENCORE TOI ?!
JE VOUS TIENS !
MAIS OÙ SONT...?
CETTE FOIS...
AH, JE VOIS.
MARIE !
TROP GÉNIAL, CE QUE TU AS FAIT !
MAIS ALORS... VOUS N'Y ÉTIEZ POUR RIEN ?
BIEN SÛR QUE NON ! PARCE QUE C'EST APRÈS NOUS QUE VOUS COURRIEZ ?
JE NE SAIS PAS COMMENT VOUS AVEZ RÉUSSI À VOUS LIBÉRER DE VOS LIENS, MAIS JE PEUX RECOMMENCER.
ET CETTE FOIS, JE M'ASSURERAI PERSONNELLEMENT QUE VOUS PÉRISSIEZ DANS LES FLAMMES !

LE SORT S'ACHARNE CONTRE MOI...
MAIS ÇA NE FAIT RIEN. ON SE REVERRA, LES ENFANTS.
TAC
EUH...
JE DISAIS DONC : ON SE REVERRA, LES ENFANTS !
RAAAGH ! ÇA NE MARCHE QUE QUAND ÇA VEUT !
HIII !
THOMAS ! SAUVE-M...
VOUS ?!
ESPÈCE DE... MON MASQUE !

Sur le masque de l'homme mystérieux, tu as pu voir des motifs en forme de triangle.

Parmi ces trois triangles, entoure celui qui est uniquement isocèle.

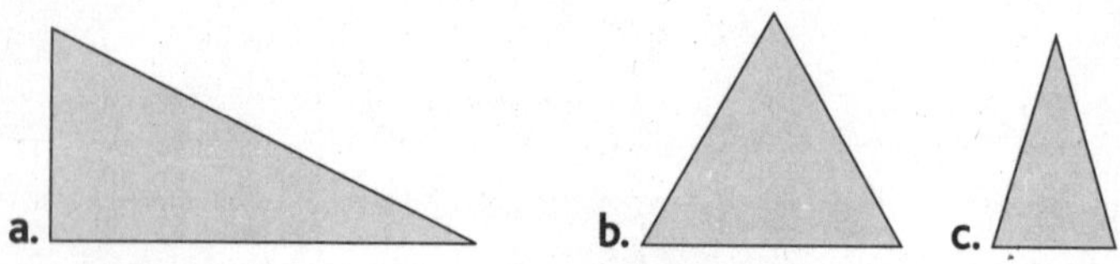

Si tu as entouré **a.** → va au n° 34.
Si tu as entouré **b.** → va au n° 25.
Si tu as entouré **c.** → va au n° 32.

mémo 14

27

C'est faux. Consulte le mémo 18 pour avoir de l'aide.
→ Refais l'exercice du n° 23.

28

C'est faux. Le préfixe évoquant la répétition est **re-** (*refaire, redire*...).
→ Refais l'exercice du n° 29.

LÀ, LES ENFANTS ! MONTEZ !
JE VOUS EMPRUNTE VOS CHEVAUX...
PROMIS, JE VOUS LES RAMÈNERAI DÈS QUE POSSIBLE !
JE CROIS QU'ILS ATTENDAIENT JUSTEMENT DE POUVOIR SE RENDRE UTILES...
FAITES DONC !

MAIS, EUH… MARIE ! POURQUOI DOIT-ON LES POURSUIVRE… QUE SE PASSE-T-IL ?!
JE VOUS AI DIT QUE J'ATTENDAIS UNE LIVRAISON DE PECHBLENDE, NON ?
BEN… OUI, À L'INSTANT !
EH BIEN, CES MALFRATS VIENNENT DE PARTIR AVEC ! ILS ONT TOUT PRIS !
SANS LA PIERRE, MES RECHERCHES N'AVANCERONT JAMAIS… ET JE N'AURAI AUCUN ESPOIR DE VÉRIFIER MES THÉORIES !

MAIS ILS SONT TROP RAPIDES... ON NE RISQUE PAS DE LES RATTRAPER !
C'EST VRAI ! ON EST TROP LOURDS POUR NOS CHEVAUX... ILS NE PEUVENT PAS AVANCER PLUS VITE !
LES VOILÀ !
DANS CE CAS...
C'EST QU'IL FAUT LES SOULAGER !
PRENEZ ÇA !
HEIN ?

ELLE VA SE FAIRE MAL !
MAIS... QU'EST-CE QU'ELLE FAIT ?!
NE VOUS EN FAITES PAS POUR MOI !
REVENEZ ! C'EST TROP DANGEREUX !
ARRÊTEZ LA CALÈCHE ET REJOIGNEZ-MOI À PIED ! JE PARS DEVANT !

ARRÊTEZ-VOUS !
VOUS, LÀ !
AH OUI ?
FLOC
EH BIEN, MAINTENANT, ON VA VOIR SI ELLE ARRIVE À NOUS SUIVRE !
ELLE NOUS A RATTRAPÉS !
HIII !
KRASH
SWIIIIIISHH

OH, NON !
HRRN...
IL VA BIEN.
EST-CE QU'IL EST...?
ELLE EST LÀ ! DÉPÊCHEZ-VOUS !
IL PEUT ENCORE NOUS MENER JUSQU'À LA PECHBLENDE.
IL EST ASSOMMÉ, C'EST TOUT.
MAINTENANT, IL FAUT RATTRAPER SON COMPLICE.

HA !
ON Y EST PRESQUE !
CRRR
ON TE TIENT, VILAINE CRAPULE !

SBAM
?
TIENS, TIENS, TIENS... REGARDEZ QUI VOILÀ.
LES CHATS ONT DONC FINI PAR DÉBUSQUER LES SOURIS.

Pour savoir comment nos héros vont se sortir de ce mauvais pas, réponds à cette question de vocabulaire.

Lis bien ces mots : *chronologique, chronophage, chronomètre*. À ton avis, qu'est-ce que le préfixe **chrono-** exprime ? **Entoure la bonne réponse.**

a. le contraire
b. le temps
c. la répétition

Si tu as entouré **a.** → va au n° 24.
Si tu as entouré **b.** → va au n° 26.
Si tu as entouré **c.** → va au n° 28.

mémo 7

30

Tu t'es trompé(e). Philippe Pétain était le chef de l'État français qui a collaboré avec l'Allemagne nazie.
→ Refais l'exercice du n° 32.

31

Bravo ! Tu as bien répondu et, maintenant, tu peux te rendre au n° 36 du chapitre 4 page 111 !

32
C'EST VRAI. MAIS ON A PERDU BEAUCOUP DE TEMPS... MAINTENANT, JE VAIS DEVOIR ME METTRE AU TRAVAIL.
C'EST UNE CHANCE QUE VOUS AYEZ PU SAUVER TOUS CES CAILLOUX DE L'INCENDIE.
HMMM...
C'EST D'ACCORD... MAIS AVANT TOUT, TU DOIS TE PROTÉGER.
JE PEUX PEUT-ÊTRE VOUS AIDER ? S'IL VOUS PLAÎT, DITES OUI !
COMMENCE PAR ALLER TE CHERCHER DES GANTS...
PUIS, TU POURRAS TRIER CES CAILLOUX PAR ORDRE DE GRANDEUR.

AH, TU ES LÀ !
TU AVAIS DISPARU... ET MOI, JE ME FAISAIS UN SANG D'ENCRE.
IL Y A EU UN INCENDIE, EN VILLE. J'AI CRU QU'IL T'ÉTAIT ARRIVÉ MALHEUR.
OH, JE SUIS AU COURANT. C'EST UNE ASSEZ LONGUE HISTOIRE, JE TE LA RACONTERAI PLUS TARD.
LES ENFANTS, JE VOUS PRÉSENTE MON ÉPOUX, PIERRE CURIE... ET NOTRE JEUNE IRÈNE.
PIERRE, VOICI LES ASSISTANTS DONT JE T'AI PARLÉ. SANS EUX, JE N'AURAIS CERTAINEMENT JAMAIS PU RÉCUPÉRER MA PECHBLENDE !
AH, LA PECHBLENDE EST ARRIVÉE !
JUSTEMENT, JE VENAIS T'ANNONCER QUE J'AVAIS PRIS LA DÉCISION DE SUSPENDRE MES RECHERCHES POUR T'AIDER DANS LES TIENNES.
KRONO ? EST-CE QUE TU VAS FINIR PAR NOUS EXPLIQUER QUI ÉTAIT L'HOMME SOUS LE MASQUE ?
AHEM... OUI, TU AS RAISON.

L'HOMME QUE NOUS POURSUIVONS DANS LES COULOIRS DU TEMPS N'EST AUTRE QUE... NIKOLA TESLA.
NIKOLA TESLA ?!
LUI-MÊME. IL EST VENU AU MONDE EN 1856 DANS L'EMPIRE D'AUTRICHE, CE QUE VOUS APPELEZ AUJOURD'HUI LA CROATIE.
QUATRIÈME ENFANT D'UNE FRATRIE DE CINQ, IL A, TRÈS JEUNE, FAIT PREUVE D'UNE INTELLIGENCE HORS DU COMMUN.

TRÈS CURIEUX DE NATURE, IL S'EST RAPIDEMENT DESTINÉ À UNE CARRIÈRE SCIENTIFIQUE. DÈS L'ENFANCE, EN RÉALITÉ…
… QUAND IL A DÉCOUVERT L'ÉLECTRICITÉ STATIQUE EN JOUANT AVEC SON CHAT.
PLUS TARD, IL A TROUVÉ UN EMPLOI EN FRANCE DANS L'ENTREPRISE DE THOMAS EDISON.
THOMAS EDISON ?!
OUI ! VAS-TU CESSER DE M'INTER-ROMPRE ?!
BREF. C'EST À CETTE ÉPOQUE QU'IL A CONSTRUIT SON PREMIER PROTO-TYPE DE MOTEUR ÉLECTRIQUE ALIMENTÉ PAR UN COURANT ALTER-NATIF, QUI, HÉLAS, N'A INTÉRESSÉ PERSONNE À PART LUI.
APRÈS QUOI, IL A VOYAGÉ AUX ÉTATS-UNIS, OÙ IL A RENCONTRÉ THOMAS EDISON. À L'ÉPOQUE, SON TRAVAIL CONSISTAIT À CONCEVOIR UN SYSTÈME D'ÉCLAIRAGE PUBLIC À PARTIR DES LAMPES À ARC…
… SA CARRIÈRE DANS LE MONDE SCIENTIFIQUE A DONNÉ NAISSANCE À PLUS D'UNE INVENTION, COMME LA TRÈS CÉLÈBRE BOBINE TESLA, LE RADAR… OU LE PREMIER ENGIN TÉLÉCOMMANDÉ : LE TÉLÉAUTOMATON !
MAIS L'HISTOIRE S'ACHÈVE DANS SA CHAMBRE D'HÔTEL, À NEW YORK… OÙ PLUS PERSONNE N'A JAMAIS EU DE SES NOUVELLES.

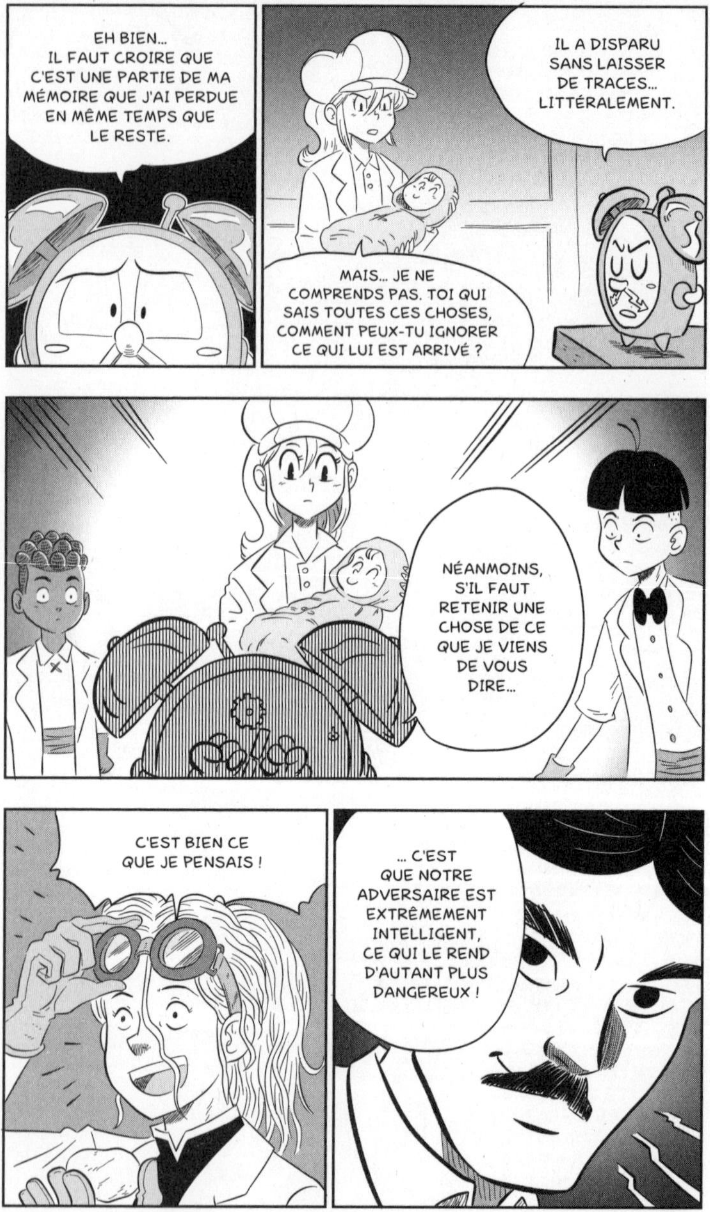
EH BIEN... IL FAUT CROIRE QUE C'EST UNE PARTIE DE MA MÉMOIRE QUE J'AI PERDUE EN MÊME TEMPS QUE LE RESTE.
IL A DISPARU SANS LAISSER DE TRACES... LITTÉRALEMENT.
MAIS... JE NE COMPRENDS PAS. TOI QUI SAIS TOUTES CES CHOSES, COMMENT PEUX-TU IGNORER CE QUI LUI EST ARRIVÉ ?
NÉANMOINS, S'IL FAUT RETENIR UNE CHOSE DE CE QUE JE VIENS DE VOUS DIRE...
C'EST BIEN CE QUE JE PENSAIS !
... C'EST QUE NOTRE ADVERSAIRE EST EXTRÊMEMENT INTELLIGENT, CE QUI LE REND D'AUTANT PLUS DANGEREUX !

EH BIEN, JE VOUS EXPLIQUAIS CE MATIN QUE LA PECHBLENDE CONTIENT DE L'URANIUM... MÉTAL QUI DÉGAGE BEAUCOUP DE RADIOACTIVITÉ... MAIS EN QUANTITÉS INFIMES COMPARÉ À LA ROCHE ELLE-MÊME.
DE QUOI PARLES-TU ?
COMMENT ÇA ?
C'EST DONC QU'IL Y A DANS CETTE ROCHE UN ÉLÉMENT MYSTÈRE, UN AUTRE MÉTAL DE LOIN PLUS RADIOACTIF À POIDS ÉGAL QUE L'URANIUM PUR.
LE TABLEAU PÉRIODIQUE DES ÉLÉMENTS !
MAIS ALORS... ALORS... OUI ! CE NOUVEL ÉLÉMENT... IL FAUT L'INSCRIRE SUR...

HMMM...
PEUT-ÊTRE... MAIS POUR ÇA, IL FAUDRAIT D'ABORD LUI TROUVER UN NOM !
RADIOACTIF... URANIUM...
RADIOACTIF, URANIUM...
ÇA VEUT DIRE QU'IL Y A, DANS UN SI PETIT CAILLOU, UN ÉLÉMENT PLUS RADIOACTIF QUE L'URANIUM...
C'EST QUAND MÊME FOU...
LE RADIUM...
OUI, C'EST PARFAIT !
RAD... IUM !
MAIS OUI, C'EST UNE ÉVIDENCE ! LE RADIUM !
KLAK

ALLEZ DIRE AU REVOIR, LES ENFANTS. IL FAUT PARTIR.
ET À PRÉSENT QUE NOUS SAVONS À QUI NOUS AVONS AFFAIRE, IL NOUS FAUT DÉCOUVRIR QUELLES SONT SES MOTIVATIONS.
ÇA VEUT DIRE QU'ON A RÉUSSI, KRONO ?
J'EN AI BIEN L'IMPRESSION, OUI. MAIS NIKOLA TESLA NE S'ARRÊTERA PAS LÀ…
HÉ, MAIS… VOUS VOUS APPELEZ TOUTES LES DEUX MARIE, EN FAIT !
MERCI BEAUCOUP, MARIE !
AU REVOIR !
MERCI À VOUS, LES ENFANTS. VOUS ÊTES LES ASSISTANTS LES PLUS ÉTONNANTS QUE J'AIE JAMAIS CONNUS…
MAIS SANS VOUS, JE N'AURAIS PAS ÉTÉ AU BOUT DE MON EXPÉRIENCE !

À QUELLE ÉPOQUE VONT-ILS ARRIVER ?

Pour te mettre sur la bonne piste, sais-tu quel personnage historique, pendant la Seconde Guerre mondiale, a organisé la Résistance française contre l'envahisseur allemand ?

a. Philippe Pétain **b.** Charles de Gaulle **c.** Georges Clemenceau

Si tu as répondu **a.** → va au n° 30.
Si tu as répondu **b.** → va au n° 31.
Si tu as répondu **c.** → va au n° 35.

Recopie ta réponse : ....

C'est ton TROISIÈME INDICE.

N'oublie pas de le noter sur la page-indices, p. 189.

mémo 17

33

Non. Sais-tu que le cuir provient de la peau de certains animaux, comme la vache ? → Refais l'exercice du n° 23.

34

C'est faux. Il s'agit d'un triangle rectangle, tu peux le vérifier avec une équerre. → Recommence l'exercice du n° 26.

35

Ce n'est pas la bonne réponse. Georges Clemenceau était président du Conseil à la fin de la Première Guerre mondiale.
→ Retourne à l'exercice du n° 32.

36
ET SI VOUS COMMENCIEZ PAR VOUS FAIRE DISCRETS ? JE CROIS QUE TOUTES VOS RÉPONSES SE TROUVENT ICI.
BIEN... MAINTENANT, RESTE À SAVOIR OÙ ON EST... ET SURTOUT À QUELLE ÉPOQUE.
ET CE QU'ON VA DEVOIR FAIRE POUR PROTÉGER LE CONTINUUM TEMPOREL.
CHAK
CHAK
ET UNE FOIS À LONDRES ?
CHHHHH !
CHHHHH TOI-MÊME !
CHAK
... CET ATTACHÉ-CASE DOIT VOYAGER AVEC NOUS JUSQU'À LONDRES.
MALCOLM, ARRÊTE DE POUSSER... TU VAS NOUS FAIRE REPÉRER !
J'AI RENDEZ-VOUS À LA BBC POUR ENREGISTRER LE MESSAGE...
OUPS !
OUAAAAH !
BOUM
CHAK
CHAK
KLAK
AOUTCH !

CHAPITRE 4
LA RÉSISTANCE S'ORGANISE

MAINTENANT, VOUS ALLEZ NOUS DIRE QUI VOUS ÊTES ET CE QUE VOUS AVEZ ENTENDU.
ON... ON EST DES VOYAGEURS TEMPORELS.
EUH... DÉSOLÉ ! ON ÉTAIT DANS LE COULOIR ET...
PEU IMPORTE...
NON... JE VOUS ASSURE ! JE M'APPELLE MARIE... ET VOICI MES FRÈRES : THOMAS...
... ET MALCOLM. ON ÉTAIT CHEZ NOS GRANDS-PARENTS QUAND ON A RENCONTRÉ KRONO, UNE HORLOGE TEMPORELLE. DEPUIS, ON EST PASSÉS D'UNE ÉPOQUE À UNE AUTRE POUR RÉPARER LES BÊTISES DE...
PARDON ? DES VOYAGEURS TEMPORELS ? ON AURA TOUT ENTENDU...
MAIS DITES-MOI, VOUS AVEZ DE LA COMPAGNIE ! QUI ÊTES-VOUS, LES ENFANTS ?
JE LUI AI FAIT UN GRAND SOURIRE, ET IL M'A TOUT DE SUITE SEMBLÉ DE MEILLEURE HUMEUR. COMME QUOI, ON PEUT CHANGER LE MONDE AVEC TROIS FOIS RIEN.
OH, VOUS ÊTES LÀ. J'AI ENTENDU UN CRI, ALORS J'AI ABANDONNÉ MA RONDE POUR VOUS REJOINDRE. JE N'AI RIEN VU DE SPÉCIAL, D'AILLEURS... SI CE N'EST UN HOMME QUI MAUGRÉAIT TOUT SEUL DANS SON COIN.
SHLACK !

VOUS ÊTES RAYMOND ET LUCIE AUBRAC ?
RAYMOND, JE TE PRÉSENTE MARIE, THOMAS, MALCOLM ET... KRONO, C'EST BIEN ÇA ?
CELUI-CI ?
EH BIEN... OUI, TOUT À FAIT.
MAIS ALORS... VOUS ÊTES LE GÉNÉRAL CHARLES DE GAULLE ! ET CET ATTACHÉ-CASE, DONT VOUS PARLIEZ...
IL CONTIENT L'APPEL QUE VOUS DEVEZ PRONONCER À LA RADIO, C'EST BIEN ÇA ?!
PROMIS... C'EST TOUT CE QU'ON A ENTENDU !

VOUS N'ÊTES PAS SANS SAVOIR QUE LE MONDE EST ENTRÉ EN GUERRE. LES FORCES ALLEMANDES SONT ARRIVÉES À PARIS IL Y A TROIS JOURS, ET PLUSIEURS CENTAINES DE MILLIERS DE SOLDATS ONT DÉJÀ ÉTÉ FAITS PRISONNIERS.
ÇA NE FAIT RIEN.
C'EST DÉJÀ TROP POUR QUE L'ON VOUS LAISSE PARTIR SANS NOUS ASSURER DE VOS BONNES INTENTIONS.
ÉVIDEMMENT, LE MARÉCHAL PÉTAIN A SAUTÉ SUR L'OCCASION POUR LE REMPLACER… ET LE BOUGRE A DÉJÀ SIGNÉ L'ARMISTICE AVEC L'ALLEMAGNE !
ET COMME SI ÇA NE SUFFISAIT PAS, PAUL REYNAUD, QUI ÉTAIT À LA TÊTE DU GOUVERNEMENT, A DÉMISSIONNÉ.
JE NE COMPRENDS PAS… PERSONNE N'ÉTAIT CENSÉ SAVOIR QUE NOUS ÉTIONS LÀ.
ÇA TOMBE BIEN, MON GÉNÉRAL…
ON VENAIT JUSTEMENT POUR VOUS AIDER !
C'EST POURQUOI J'ESPÈRE, AU MOYEN DE CET APPEL RADIOPHONIQUE, ENJOINDRE LES FRANÇAIS À SE REBELLER CONTRE LEUR GOUVERNEMENT ET À TENIR TÊTE À ADOLF HITLER !

COMME ON VOUS LE DISAIT, ON A TRAVERSÉ LES ÉPOQUES POUR PROTÉGER L'HISTOIRE DES SABOTAGES TEMPORELS DE NIKOLA TESLA.
NIKOLA TESLA ?! ALLONS, C'EST IMPOSSIBLE… C'EST UN VIEILLARD !
OH, ON NE LE SAVAIT PAS NOUS-MÊMES !
MAIS… DANS QUEL BUT ?
AHEM. À VOTRE ÉPOQUE, PEUT-ÊTRE, MAIS À L'ÉVIDENCE, NIKOLA A RÉUSSI À SE RETROUVER DANS LES COULOIRS DU TEMPS. JE SUPPOSE QUE C'EST CE QUI LUI A PERMIS DE RAJEUNIR SI SUBITEMENT… ET DE VOYAGER D'UN ÉVÉNEMENT HISTORIQUE À UN AUTRE POUR CHANGER LE COURS DE L'HISTOIRE.
ÇA, ON AIMERAIT BIEN LE SAVOIR !
MAIS JE METTRAIS MA MAIN À COUPER QU'IL VA TENTER DE NUIRE À VOTRE MISSION !

ET C'EST POUR ÇA QUE NOUS DEVONS VOUS SUIVRE ! IL NE FAUDRAIT PAS SOUS-ESTIMER LA MENACE QU'IL REPRÉSENTE. NOUS AVONS RÉUSSI À L'EMPÊCHER D'AGIR, JUSQU'À PRÉSENT, MAIS...
SCHLAK
BROM
QU'EST-CE QUE... ?!
UNE GRENADE FUMIGÈNE !
FSSSSSHH
KOFF
VITE, OUVREZ LES FENÊTRES !
FWOOOOOOOOOSSH
AOUTCH !
AÏE !
SBAK

QUI ÉTAIT-CE ?
RAAAGH, LAISSEZ-MOI FAIRE !
KOFF KOFF J'OUVRE LA PORTE !
KOFF QUE VIENDRAIT-IL FAIRE ICI ?
C'ÉTAIT SÛREMENT NIKOLA TESLA ! KOFF KOFF
À VOTRE AVIS, KOFF
KOFF
QUI ÇA POUVAIT ÊTRE ?
LE DISCOURS !
OH, NON...
ON VOUS L'A DIT ! IL EN A KOFF APRÈS VOUS KOFF ET IL FERA TOUT POUR VOUS EMPÊCHER D'ENREGISTRER CE DISCOURS ! KOFF

Pour savoir si le discours du général de Gaulle va pouvoir être récupéré, complète avec -é ou -*er*.

a. Les enfants ont gagn.......... du temps.
b. Marie et ses frères vont voyag.......... vers une autre époque.
c. L'homme masqué rêve de chang.......... le cours de l'histoire.

Si tu as complété par **a.** é, **b.** é, **c.** é ➜ va au n° 40.
Si tu as complété par **a.** é, **b.** er, **c.** er ➜ va au n° 45.
Si tu as complété par **a.** er, **b.** er, **c.** er ➜ va au n° 48.

mémo 5

37

Tu t'es trompé(e). Internet n'est pas une source d'énergie, c'est un système de communication entre différents réseaux informatiques.

➜ Refais l'exercice du n° 45.

38

Non, tu t'es trompé(e). Cette phrase est longue mais simple, elle ne contient qu'un seul verbe conjugué.

➜ Recommence l'exercice du n° 42.

39
CE SONT LES CHARS, LES AVIONS, LA TACTIQUE DES ALLEMANDS QUI ONT SURPRIS NOS CHEFS AU POINT DE LES AMENER LÀ OÙ ILS EN SONT AUJOURD'HUI.
INFINIMENT PLUS QUE LEUR NOMBRE, CE SONT LES CHARS, LES AVIONS, LA TACTIQUE DES ALLEMANDS QUI NOUS FONT RECULER.
CROYEZ-MOI QUAND JE VOUS DIS... QU'UNE AUTRE SOCIÉTÉ EST POSSIBLE... ET QU'IL N'EST PAS NÉCESSAIRE DE FAIRE COULER LE SANG POUR...
MAIS L'ESPOIR DOIT-IL DISPARAÎTRE ? ARMISTICE EST-IL SYNONYME DE DÉFAITE... ? NON !
MAIS... CE N'EST PAS LE DISCOURS QUE J'AI ÉCRIT ! QUELQU'UN SE JOUE DE MOI... ET JE REFUSE DE DIFFUSER CES MOTS !

J'AIMERAIS BIEN LE SAVOIR...
QUOI ?!
MAIS... JE NE COMPRENDS PAS. COMMENT VOTRE DISCOURS A-T-IL PU ÊTRE MODIFIÉ ?
HMMM. PERSONNE N'A EU LA VALISE ENTRE LES MAINS, EN DEHORS DE NOUS TOUS ICI PRÉSENTS... ET NIKOLA TESLA, JE ME TROMPE ?
VOUS NE PENSEZ TOUT DE MÊME PAS AUX ENFANTS ?
OUI ! IL AURAIT PU SUBSTITUER LES PAGES DU DISCOURS AVANT QU'ON ARRIVE À LE RATTRAPER !
CLAC

DIX-HUIT HEURES TRENTE-SEPT ! IL NOUS RESTE MOINS DE QUATRE HEURES POUR RETROUVER LES PAGES MANQUANTES !
MAIS ALORS...!
LE MESSAGE DOIT ÊTRE DIFFUSÉ À VINGT-DEUX HEURES CE SOIR. ET IL EST ACTUELLEMENT...
LES RETROUVER ? MAIS... C'EST DE LA FOLIE ! ON NE SAIT MÊME PAS OÙ NIKOLA TESLA EST PASSÉ !
NI MÊME S'IL EST ENCORE À CETTE ÉPOQUE ! COMMENT VEUX-TU QU'ON RETROUVE DES FEUILLES DE PAPIER DANS UNE VILLE DE PLUSIEURS MILLIONS D'HABITANTS ?
BEN... ON N'A QU'À RÉÉCRIRE LE DISCOURS.
COMMENT ?
BEN OUI... APRÈS TOUT, C'EST BIEN VOUS QUI L'AVEZ ÉCRIT, NON ? VOUS DEVRIEZ POUVOIR VOUS EN SOUVENIR !
LE PETIT A RAISON ! SORTEZ-MOI DU PAPIER ET UN CRAYON !
HNNNG...

IL SUFFIT D'EN ÉCRIRE UN NOUVEAU. AVEC VOTRE AIDE À TOUS, JE SUIS SÛR QUE JE PEUX RÉUSSIR À...
AVEC TOUTES CES AVENTURES, J'AI COMPLÈTEMENT OUBLIÉ LE CONTENU DE MON DISCOURS.
NON... IL N'Y A RIEN À FAIRE.
C'EST DRÔLE CETTE REMARQUE SUR LES TROUS DE MÉMOIRE VENANT D'UNE HORLOGE AMNÉSIQUE...
MAIS C'EST BIEN SÛR !
TRÈS MAUVAISE IDÉE !
IL FAUT ABSOLUMENT QUE LE DISCOURS SOIT IDENTIQUE À CELUI D'ORIGINE !
CONCENTRE-TOI !
HNNG !
KRONO ! TU ES UNE MACHINE À REMONTER LE TEMPS, EN QUELQUE SORTE, NON ? ALORS, PEUT-ÊTRE QUE TU PEUX AIDER LE GÉNÉRAL À RETROUVER LA MÉMOIRE !

ET COMME ÇA ?
CRRR
DÉSOLÉ... ÇA N'A PAS L'AIR DE FONCTIONNER.
OUAH !
FWOOSH
EN Y RÉFLÉCHISSANT BIEN, J'AVAIS REMARQUÉ LA CLÉ DANS LE DOS DE KRONO, QUAND JE L'AI RÉPARÉ DANS L'ATELIER DE LÉONARD DE VINCI...
MAIS ALORS... ON EST SAUVÉS ! VOUS ALLEZ POUVOIR LE RÉÉCRIRE !
ÇA MARCHE ! JE... JE ME VOIS... EN TRAIN D'ÉCRIRE MON DISCOURS !
MAIS JE NE ME SERAIS JAMAIS DOUTÉE QU'ELLE FERAIT ÇA !

ET TOUT ÇA NE SERAIT JAMAIS ARRIVÉ SANS VOTRE AIDE, LES ENFANTS. ALORS, DU FOND DU CŒUR, MERCI.
BEN, C'EST NORMAL ! C'EST VRAI, QUOI, C'EST NOTRE MISSION !
CETTE FOIS, C'EST BON, GÉNÉRAL... VOUS ALLEZ POUVOIR DIFFUSER LE MESSAGE !
PILE À L'HEURE !
AU FAIT...
C'EST L'ANCIEN DISCOURS, CELUI QUI A ÉTÉ MODIFIÉ.
... JE N'AURAI PLUS BESOIN DE ÇA.
VOUS VOULEZ BIEN LE JETER POUR MOI ?
EUH... OUI, BIEN SÛR !

OUPS.
AH... IL Y A UNE POUBELLE ! JE REVIENS !
TIENS ?
C'EST LE DISCOURS DE NIKOLA TESLA. JE NE COMPRENDS PAS...
QU'EST-CE QU'IL FAIT, ENCORE ?
IL DIT QUE LA GUERRE FERA DES MILLIONS DE VICTIMES DANS CHAQUE CAMP... ET QUE LA PAIX EST PRÉFÉRABLE.
C'EST SI MAL QUE ÇA ? JE VEUX DIRE... POURQUOI ON S'ENTÊTE À LUI METTRE DES BÂTONS DANS LES ROUES SANS MÊME CONNAÎTRE SES INTENTIONS ?
APRÈS TOUT... ELLES N'ONT PAS L'AIR SI MAUVAISES QUE ÇA.
JE PENSE AVOIR LES RÉPONSES À TES QUESTIONS, JEUNE HOMME.
KRRRRRT

VOUS ?!
MAIS... VOUS ÊTES...?
CHHHHT. PAS ICI...
SUIVEZ-MOI JUSQU'À L'OBSERVATOIRE. NOUS Y SERONS PLUS À L'AISE POUR DISCUTER.

Tu le sauras en trouvant la somme de cette addition de nombres décimaux.
Souligne le résultat de 0,5 + 0,15.

a. 0,20
b. 0,65
c. 0,515

Si tu as souligné **a.** → va au n° 44.
Si tu as souligné **b.** → va au n° 42.
Si tu as souligné **c.** → va au n° 47.

mémo 10

40

Tu as seulement une réponse juste. Rappelle-toi qu'on écrit un verbe à l'infinitif après une préposition ou après un autre verbe.
→ Recommence l'exercice du n° 36.

41

Oui, c'est bien une phrase complexe, car elle comporte deux verbes conjugués.
→ Tu peux te rendre au n° 49 du chapitre 5 page 147 pour découvrir la fin de l'histoire.

BIEN SÛR, LES ENFANTS. CHAQUE CHOSE EN SON TEMPS.
ET CE QUE VOUS Y FAITES ? AUX DERNIÈRES NOUVELLES, VOUS ÉTIEZ EN ESPAGNE !
OUAAAAH...
VOUS ALLEZ NOUS EXPLIQUER OÙ VOUS NOUS EMMENEZ, À LA FIN ?
TOUT D'ABORD, LAISSEZ-MOI VOUS SOUHAITER LA BIENVENUE CHEZ MOI.

* INTANGIBLE : QUE L'ON NE PEUT TOUCHER.

EH BIEN, MON OBSERVATOIRE, BIEN SÛR ! JE L'AI BÂTI DE MES PROPRES MAINS, VOUS SAVEZ.
IL M'A FALLU UNE ÉTERNITÉ POUR Y PARVENIR, MAIS... CE N'EST PAS UN PROBLÈME, QUAND ON A TOUT SON TEMPS.
ALORS ? QU'EST-CE QUE VOUS EN PENSEZ ?
EUH...
C'EST TRÈS IMPRESSIONNANT, MAIS... QU'EST-CE QUE C'EST ?
LE PORTAIL QUE VOUS AVEZ TRAVERSÉ TOUT À L'HEURE MÈNE VERS LE FLUX TEMPOREL. AUTREMENT DIT, NOUS SOMMES ACTUELLEMENT HORS DU TEMPS, HORS DU MONDE LUI-MÊME.
AH, C'EST VRAI. J'OUBLIAIS.
JE M'Y SUIS RETROUVÉ SUITE À UNE EXPÉRIENCE SUR KRONO QUI, MALHEUREUSEMENT, A MAL TOURNÉ.
MAIS, ENFIN, OÙ SOMMES-NOUS ?
OH, NON... ON EST AU PARADIS, C'EST ÇA ?!
JE VOUS AI ACCOMPAGNÉS DÈS VOTRE ARRIVÉE DANS LE TUNNEL TEMPOREL. JE SAVAIS QUE MALCOLM RÉUSSIRAIT À RELIER VERCINGÉTORIX ET CÉSAR SI JE VOUS SÉPARAIS. JE SAVAIS AUSSI QUE VOUS AURIEZ BESOIN DE MOI EN 1492 OU D'UNE VOITURE EN 1898 !
« NOUS AIGUILLER » ? COMMENT ÇA ?
AH ! C'EST DONC VOUS QU'ON AVAIT RENCONTRÉ DANS LA RUE EN ESPAGNE !
C'EST DEPUIS CET ÉCRAN QUE JE VOUS AI SUIVIS DANS VOS AVENTURES. C'EST AUSSI CE QUI M'A PERMIS DE VOUS AIGUILLER.
LA BONNE NOUVELLE, C'EST QUE LE TEMPS SEMBLE NE PLUS AVOIR D'EMPRISE SUR MOI. JE N'AI PAS PRIS UNE RIDE DEPUIS !

C'EST AUSSI POUR ÇA QUE J'AI FAIT DE KRONO MON AGENT SUR TERRE. IL DEVAIT VEILLER SUR LE BON DÉROULEMENT DU TEMPS POUR MOI...
IL N'Y A BIEN QU'ICI QUE JE PEUX TOUCHER QUOI QUE CE SOIT.
ÇA, C'EST PARCE QU'EN ARRIVANT ICI, MON CORPS PHYSIQUE A ÉTÉ DÉSINCARNÉ. JE SUIS DEVENU UN GENRE DE FANTÔME, SI VOUS VOULEZ. DU MOINS, DANS LE MONDE RÉEL.
HÉLAS, L'HISTOIRE A SUIVI SON COURS SANS EMBÛCHES. KRONO, DEVENU OBSOLÈTE, A FINI PAR S'ENDORMIR.
ALORS, CONSIDÉRÉ COMME UN SIMPLE RÉVEIL, IL EST PASSÉ DE MAIN EN MAIN ET FUT ENFERMÉ DANS UN VIEUX COFFRE, PUIS OUBLIÉ DANS UN GRENIER POUSSIÉREUX...
COINCÉ DANS SON COFFRE, IL A DÛ ATTENDRE DES ANNÉES QUE L'ON VIENNE L'EN SORTIR...
D'AILLEURS, VOUS EN AVEZ MIS, DU TEMPS ! LES VIDE-GRENIERS, ÇA EXISTE, VOUS SAVEZ !
CELUI DE NOS GRANDS-PARENTS !
EXACTEMENT ! MAIS NIKOLA TESLA, EN DISPARAISSANT À SON TOUR DANS LES COULOIRS DU TEMPS, A PROVOQUÉ UN CHOC TEMPOREL QUI A RÉVEILLÉ KRONO.
JUSTEMENT. J'AI LU LE DISCOURS DE NIKOLA TESLA ET IL NE M'A PAS EU L'AIR SI MAUVAIS. ALORS... POURQUOI TOUJOURS CHERCHER À L'ARRÊTER S'IL ESSAIE D'EMPÊCHER UNE GUERRE ?
TRÈS BONNE QUESTION.
... ET IL A SUBI DES PERTES DE MÉMOIRE À MESURE QUE NIKOLA VOYAGEAIT DANS L'ESPACE-TEMPS. HEUREUSEMENT, EN RÉTABLISSANT CHAQUE FOIS L'ORDRE DES CHOSES, VOUS L'AVEZ AIDÉ À RÉCUPÉRER SES SOUVENIRS.

TOUTE ALTÉRATION DU COURS DU TEMPS PEUT AVOIR DE TERRIBLES RÉPERCUSSIONS SUR L'AVENIR... RÉPERCUSSIONS QUE L'ON NE PEUT PAS MÊME PRÉVOIR.
ET IL EST PRIMORDIAL QUE VOUS COMPRENIEZ BIEN À QUOI NOUS AVONS AFFAIRE.
AUTREMENT DIT, IL S'AGIT D'APPRENDRE DE NOS ERREURS ET D'ALLER DE L'AVANT... EN TENTANT BIEN SÛR D'ÊTRE UN PEU MEILLEUR CHAQUE JOUR.
EN MODIFIANT L'HISTOIRE, NIKOLA TESLA RISQUE AVANT TOUT DE CRÉER UN MONDE ENCORE PIRE QUE LE VÔTRE.
MAIS... EST-CE QUE VOUS SAVEZ COMMENT IL EST ARRIVÉ DANS LE TUNNEL TEMPOREL ?
JE CROIS. LAISSEZ-MOI VOUS L'EXPLIQUER EN QUELQUES MOTS.
LE 17 DÉCEMBRE 1938, À BERLIN, OTTO HAHN ET FRITZ STRASSMAN PROVOQUAIENT LA PREMIÈRE FISSION NUCLÉAIRE DE L'HISTOIRE DE L'HUMANITÉ.
À LA MÊME SECONDE, DANS SA CHAMBRE D'HÔTEL DE NEW YORK, NIKOLA TESLA MENAIT SA TOUTE PREMIÈRE EXPÉRIENCE DANS LE DOMAINE QUANTIQUE.
J'AI DANS L'IDÉE QUE CES DEUX EXPÉRIENCES ONT « DÉPLACÉ » NOTRE BON INVENTEUR DANS LES COULISSES DE NOTRE HISTOIRE...

… OÙ IL A ÉTÉ TÉMOIN DE DÉCOUVERTES QUI ONT PU AMENER À DES ERREURS…
… À COMMENCER PAR L'ATOME, QUI, EN PLUS D'ÊTRE À L'ORIGINE DE SON MALHEUR, A PROVOQUÉ DE PAR LE MONDE ET LE TEMPS, DE VIOLENTES CATASTROPHES HUMAINES ET ÉCOLOGIQUES…
AU MÊME TITRE QUE LA SOCIÉTÉ INDUSTRIELLE ET L'EMPIRE COLONIAL.
SEULEMENT LA TRAVERSÉE DES COULOIRS TEMPORELS N'EST PAS SANS CONSÉQUENCE. BIEN SÛR, VOUS, VOUS ÊTES PROTÉGÉS PAR KRONO, QUI EST CONÇU POUR ABSORBER LES DOMMAGES DE VOS VOYAGES SUR VOTRE CERVEAU…
… MAIS NIKOLA TESLA LES SUBIT DE PLEIN FOUET. AUTREMENT DIT : IL EST EN TRAIN DE PERDRE LA RAISON, ET CELA PEUT EXPLIQUER EN PARTIE SES AGISSEMENTS.

SI UNE CHOSE EST SÛRE, C'EST QU'IL S'EST DONNÉ POUR MISSION D'EMPÊCHER, OU DU MOINS DE FREINER AUTANT QUE FAIRE SE PEUT, LE PROGRÈS TECHNOLOGIQUE.
EH BEN… ON AURAIT PRESQUE ENVIE DE LE PLAINDRE.
IL PENSAIT AVOIR GAGNÉ EN 1940… MAIS VOTRE INTERVENTION A, UNE FOIS DE PLUS, RÉDUIT SES PLANS À NÉANT.
OÙ… ET À QUELLE ÉPOQUE EST-IL, À PRÉSENT ?
VOILÀ. HÉLAS, NIKOLA TESLA EST UN HOMME D'ORGUEIL… ET SON OBSTINATION EN FAIT UNE VRAIE MENACE…
SES INTENTIONS NE SONT PAS SI MAUVAISES QUE ÇA, EN FIN DE COMPTE. SON PROBLÈME, C'EST SURTOUT QU'IL NE MÈNE PAS SA BATAILLE SUR LE BON FRONT !
UNE MENACE QU'IL NE FAUT PAS PRENDRE À LA LÉGÈRE.
LA BOMBE ATOMIQUE EST UNE RÉALITÉ QU'IL NE PEUT PLUS EMPÊCHER. ENCORE UNE FOIS, CE N'EST QU'UNE SUPPOSITION… MAIS JE PENSE QU'IL VA ESSAYER DE CHANGER LE COURS DE L'HISTOIRE EN INFLUANT SUR LES MENTALITÉS.
ET LÀ, IL AURA UN PUBLIC, UNE SCÈNE ET UN MICRO… ET IL NE LUI EN FAUDRA PAS PLUS POUR ARRIVER À SES FINS.
À WASHINGTON, EN 1963, OÙ UNE GRANDE MARCHE SE PRÉPARE.
D'ACCORD, MAIS QU'EST-CE QU'IL COMPTE FAIRE DANS UNE MARCHE ?

JUSQU'À PRÉSENT, VOUS NE POUVIEZ PAS FAIRE AUTREMENT QUE LUI COURIR APRÈS D'UNE ÉPOQUE À UNE AUTRE.
OH... PAPA ! QU'EST-CE QUE TU FAIS ?
MAIS COMMENT L'EN EMPÊCHER ?
JUSTEMENT... TOUS NOS ESPOIRS REPOSENT SUR TOI, KRONO.
ICI MÊME.
MAIS IL EST TOUJOURS PARVENU, MALGRÉ TOUS VOS SUCCÈS, À VOUS FILER ENTRE LES DOIGTS. CE QU'IL FAUT, CETTE FOIS, C'EST LE COINCER QUELQUE PART OÙ IL NE POURRA PAS NOUS ÉCHAPPER.
PAS LÀ... ÇA CHATOUILLE !
J'AI CONÇU UN PETIT APPAREIL, QUE JE VIENS D'INSTALLER SUR KRONO. ÇA LUI PERMETTRA D'OUVRIR UN PORTAIL SUR MA DIMENSION. AINSI, IL VOUS SUFFIRA DE VOUS RAPPROCHER SUFFISAMMENT DE NIKOLA TESLA POUR L'ATTIRER ICI.
APRÈS QUOI, NOUS POURRONS ENFIN ESSAYER DE LUI FAIRE ENTENDRE RAISON.
BONNE CHANCE, LES ENFANTS.

QUELLE SERA LA PROCHAINE ÉPOQUE VISITÉE ?

Pour découvrir si les enfants parviendront à ramener Nikola Tesla dans la dimension de Léonard de Vinci, réponds à la question. Laquelle de ces trois phrases est une phrase complexe ? Coche la bonne case.

a. ❐ Depuis qu'il voyage dans l'histoire, Krono perd la mémoire.
b. ❐ Au cours de leurs aventures dans les couloirs du temps, les enfants se montrent très courageux.
c. ❐ Les failles spatio-temporelles ont un effet dégénérescent sur les cellules corporelles.

Si tu as coché **a.** ➜ va au n° 41.
Si tu as coché **b.** ➜ va au n° 38.
Si tu as coché **c.** ➜ va au n° 46.

Recopie le premier nom commun de la phrase a. : ....

C'est ton QUATRIÈME INDICE.

Note-le sur la page-indices, p. 189.

mémo 3

43

C'est faux. Consulte le mémo 16 pour pouvoir répondre correctement. ➜ Retourne à l'exercice du n° 45.

44

Ce n'est pas la bonne réponse. Quand tu as posé l'opération, as-tu bien posé les dixièmes sous les dixièmes, après la virgule ?
➜ Refais l'exercice du n° 39.

45

≷KOFF KOFF KOFF≶
≷KOFF KOFF≶
≷KOFF≶
J'ESPÈRE QU'IL EST BIEN LÀ-HAUT, ET QUE TU NE VAS PAS NOUS FAIRE GRIMPER LÀ-DESSUS POUR RIEN !
LÀ-BAS !

BINGO ! DÉPÊCHEZ-VOUS !
ARRÊTEZ-VOUS ! JE COMMENCE À EN AVOIR ASSEZ DE VOUS COURIR APRÈS !
QU'EST-CE QUE TU ATTENDS ?! PARS DEVANT ! J'ATTENDS MALCOLM ET JE TE REJOINS !
RENDEZ-NOUS CETTE VALISE !
TU NE COMPRENDS PAS...

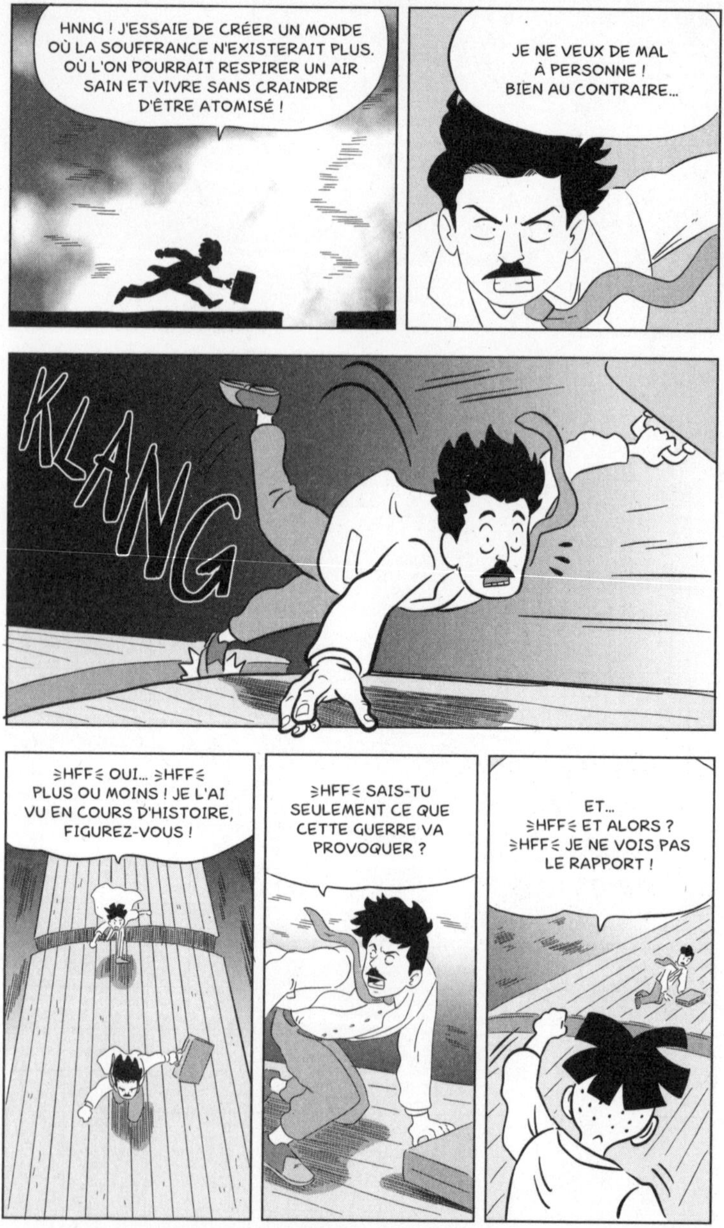
HNNG ! J'ESSAIE DE CRÉER UN MONDE OÙ LA SOUFFRANCE N'EXISTERAIT PLUS. OÙ L'ON POURRAIT RESPIRER UN AIR SAIN ET VIVRE SANS CRAINDRE D'ÊTRE ATOMISÉ !
JE NE VEUX DE MAL À PERSONNE ! BIEN AU CONTRAIRE...
KLANG
≥HFF≤ OUI... ≥HFF≤ PLUS OU MOINS ! JE L'AI VU EN COURS D'HISTOIRE, FIGUREZ-VOUS !
≥HFF≤ SAIS-TU SEULEMENT CE QUE CETTE GUERRE VA PROVOQUER ?
ET... ≥HFF≤ ET ALORS ? ≥HFF≤ JE NE VOIS PAS LE RAPPORT !

J'AI JUSTE UN PEU DE MAL À CROIRE QUE VOUS NE VOULEZ DE MAL À PERSONNE !
JE ⩾HFF⩽ JE VOUS AI VU DÉTOURNER LE NAVIRE QUI DEVAIT DÉCOUVRIR L'AMÉRIQUE...
⩾HFF HFF⩽
⩾HFF HFF⩽
... ET MAINTENANT, VOUS VOULEZ FAIRE OBSTACLE À LA RÉSISTANCE... ALORS QU'ON SAIT QUE CE SONT EUX QUI VONT PARTICIPER À LA LIBÉRATION DE LA FRANCE ?!
... VOLER DES PIERRES POUR EMPÊCHER MARIE CURIE DE DÉCOUVRIR LE RADIUM...

PFFRT !
IL L'A RATTRAPÉ ! MAIS... QU'EST-CE QU'ILS SE DISENT ?
BRAM
QU'EST-CE QUE VOUS VOULEZ, AU JUSTE ?!
OUI !
NON !

OUILLE !
AOUTCH !
JE L'AI !
HIIIIIII
MARIE !
OUI ! CETTE FOIS, ON A FRÔLÉ LA CATASTROPHE !
HFF FIOU ! C'ÉTAIT MOINS UNE !
AU FAIT...
JE SUIS LÀ !

... OÙ EST NIKOLA TESLA ?
C'EST ÉTONNANT, VOUS NE TROUVEZ PAS ?
DISPARU...
HMM. JE ME DEMANDE OÙ IL A BIEN PU PASSER...
VOUS AVEZ VU OU ENTENDU UN PORTAIL TEMPOREL, VOUS ? PARCE QUE PAS MOI...

SUR LE TOIT ?! MAIS C'EST EXTRÊMEMENT DANGEREUX ! VOUS AURIEZ PU TOMBER... VOUS AURIEZ MÊME PU MOURIR !
ALORS... OÙ ÉTIEZ-VOUS ?!
ON A RETROUVÉ NIKOLA TESLA SUR LE TOIT DU WAGON...
OUAH ! VOUS NOUS AVEZ SAUVÉ LA VIE, LES ENFANTS !
PEUT-ÊTRE... MAIS ON A RÉCUPÉRÉ LE DISCOURS !
CONNAISSANT NIKOLA TESLA, IL N'AURAIT PAS DISPARU COMME ÇA. MÊME S'IL SE SAVAIT VAINCU... NOUS VERRONS À LONDRES.
JE NE CRIERAIS PAS VICTOIRE TROP VITE...
NON... VOUS AVEZ SAUVÉ LA FRANCE !

Pour connaître le prochain obstacle auquel les enfants vont être confrontés, barre l'intrus.

Au début de la Révolution industrielle au XIXe siècle, le charbon est la source d'énergie principale.
La seconde Révolution industrielle (fin XIXe – début XXe siècle) bénéficie de deux nouvelles sources d'énergie.

a. le pétrole **b.** l'électricité **c.** Internet

Si tu as barré **a.** → va au n° 43.
Si tu as barré **b.** → va au n° 37.
Si tu as barré **c.** → va au n° 39.

mémo 16

46

Ce n'est pas la bonne réponse. Cette phrase contient des mots difficiles, mais c'est une phrase simple, c'est-à-dire qu'elle n'a qu'un verbe conjugué. → Recommence l'exercice du n° 42.

47

C'est faux. Aide-toi du mémo 10 pour bien poser l'opération.
→ Recommence l'exercice du n° 39.

48

Tu as deux bonnes réponses. Aide-toi du mémo 5 si besoin.
→ Retourne à l'exercice du n° 36.

49
OH, CE N'EST PAS VRAI... OÙ EST ENCORE PASSÉ MALCOLM ?!
PAS DE PANIQUE... IL EST JUSTE LÀ.
BON... ON Y EST. ET MAINTENANT ?
FEMMES
VIE
HMMM... JE PENSE QUE LE PLUS MALIN SERAIT DE NOUS MÊLER À LA FOULE.
BERTÉ
AVEC UN PEU DE CHANCE, ON POURRA EN APPRENDRE PLUS SUR CE QUI SE PASSE ICI.
ÉGA
FRATERNITÉ
HÉ ! VOUS, LÀ-BAS !

CHAPITRE 5
JE FAIS UN RÊVE...

BIEN SÛR... QUI D'AUTRE ?
EUH... NOUS ?
JE M'APPELLE NINA ET JE SUIS BÉNÉVOLE POUR LA MARCHE ! J'AI BESOIN DE QUELQU'UN POUR DISTRIBUER DES BADGES ET DES PANCARTES AVEC MOI !
VOUS AVEZ DE LA CHANCE ! VOUS ALLEZ POUVOIR PARTICIPER À L'UN DES PLUS GRANDS RASSEMBLEMENTS DE POPULATION NOIRE DE L'HISTOIRE. DONNEZ-MOI UN COUP DE MAIN... JE VOUS FERAI VISITER EN MÊME TEMPS !
VOUS VOULEZ DIRE QUE VOUS N'ÊTES PAS AU COURANT ? ET VOUS AVEZ CHOISI CE JOUR-LÀ POUR VISITER WASHINGTON ?
MAIS... QU'EST-CE QU'IL SE PASSE, ICI ?
POURQUOI DE POPULATION NOIRE EN PARTICULIER ?
OH, DÉCIDÉMENT ! VOUS N'ÊTES VRAIMENT PAS AU COURANT ?

ON EN A ASSEZ DES INÉGALITÉS, VOILÀ CE QU'IL SE PASSE. ON DEMANDE LA FIN DES BRUTALITÉS POLICIÈRES ET UN ACCÈS AU TRAVAIL ET AUX SERVICES DIGNE DE CE NOM !
RCHE
DROI AU LOGEM
LENCE
ÉGA DES
LE PRÉSIDENT KENNEDY A APPELÉ RÉCEMMENT LE CONGRÈS DES ÉTATS-UNIS À VOTER UNE LOI POUR GARANTIR À TOUS LES AMÉRICAINS, QUELLE QUE SOIT LEUR COULEUR DE PEAU, L'ACCÈS ÉGAL AUX MAGASINS, AUX HÔTELS, AUX RESTAURANTS, ETC.
NATURELLEMENT, LE MOUVEMENT N'EST PAS RÉSERVÉ À LA SEULE POPULATION NOIRE. TOUT LE MONDE PEUT SE JOINDRE À NOUS, QUE VOUS SOYEZ BLANCS OU NOIRS.
MAIS L'AVENIR DE SA PROPOSITION DÉPEND DE CETTE MARCHE ET DE SON BON DÉROULEMENT.
ALORS, QU'EST-CE QUE VOUS EN DITES... VOUS VOULEZ BIEN M'AIDER ?
OUI !
PARFAIT ! NE BOUGEZ PAS, JE VAIS CHERCHER CE QU'IL FAUT !

QU'EST-CE QUE TU EN PENSES, KRONO ? IL NE FAUT PAS OUBLIER NOTRE MISSION…
NOUS N'AVONS PAS LE DROIT À L'ERREUR, AUJOURD'HUI. SI NIKOLA TESLA PARVIENT À SES FINS, IL NE PERTURBERA PAS SEULEMENT LA MARCHE…
… MAIS ÉGALEMENT TOUT L'ÉQUILIBRE SPATIO-TEMPOREL !
JE SUIS D'ACCORD AVEC MALCOLM. CE N'EST PAS EN RESTANT ICI QU'ON VA LE TROUVER ! AUTANT NOUS RENDRE UTILES.
HMM… C'EST D'ACCORD. OUVRONS L'ŒIL ET RESTONS GROUPÉS. AINSI, LE PREMIER QUI APERÇOIT NOTRE HOMME POURRA PRÉVENIR LES AUTRES.
DANS CE CAS, ON N'A QU'À LE CHERCHER EN MARCHANT AVEC LA FOULE !
ALORS, VOUS VENEZ ?

LIBERTÉ POUR TOUS !
TENEZ, MADEMOISELLE !
QUI VEUT DES BADGES ?!
MERCI !
HMM... LE POINT D'EAU LE PLUS PROCHE DOIT SE TROUVER JUSTE À DROITE, À QUELQUES MÈTRES.
EXCUSEZ-MOI... VOUS NE SAURIEZ PAS OÙ JE PEUX TROUVER À BOIRE, PAR HASARD ?
PARFAIT ! MERCI BEAUCOUP.
ON NOUS A TOUJOURS APPRIS QUE NOTRE COULEUR DE PEAU DEVAIT NOUS SÉPARER... COMME UNE FRONTIÈRE QUE PERSONNE NE POUVAIT ESPÉRER FRANCHIR... JUSQU'À MAINTENANT.
REGARDEZ, COMME C'EST BEAU !

C'EST VRAI, QUOI... ON EST TOUS DES ÊTRES HUMAINS, APRÈS TOUT.
POURQUOI SE FAIRE LA GUERRE QUAND ON PEUT S'AIMER LES UNS LES AUTRES ?
ENFIN BREF. NOUS Y VOILÀ... LE MÉMORIAL DE LINCOLN !

QUI ÇA ?
PARFAIT. NE RESTE PLUS QU'À TROUVER NIKOLA TESLA...
LUI !

QU'ESSAIE DE FAIRE NIKOLA TESLA ?

Pour savoir ce que Nikola Tesla s'apprête à faire, résous ce problème.

Thomas a 33 badges. Malcolm en a 3 fois moins.
Combien de badges ont-ils en tout ?

Choisis le calcul qui permet de répondre :

a. (3 × 33) + 33
b. (33 + 3) : 3
c. 33 + (33 : 3)

Si tu as répondu a. → va au n° 54.
Si tu as répondu b. → va au n° 56.
Si tu as répondu c. → va au n° 55.

mémo 11

50

Ce n'est pas tout à fait juste. Une seule phrase ne comporte pas de temps composé. Dans ce cas, il faut écrire « à ».

→ Refais l'exercice du n° 55.

51

C'est inexact, as-tu fait une addition ? N'oublie pas :
1 heure = 60 minutes.

→ Recommence l'exercice du n° 52.

52
ALORS... C'ÉTAIT VOUS ! C'EST VOUS QUI, DANS L'OMBRE, LES AIDIEZ À CONSERVER LA DESTINÉE DE L'HUMANITÉ ?
NIKOLA... VOUS ÊTES ICI ENTOURÉ DE PERSONNES QUI VOUS VEULENT DU BIEN.
KZZZZZZTT
AOUTCH !
POF
VOUS N'AVEZ AUCUNE RAISON DE VOUS ÉNERVER.

ALLONS, LÉONARD… LES ERREURS DE L'ÊTRE HUMAIN N'ONT PAS PU ÉCHAPPER À UN HOMME TEL QUE VOUS !
JE N'Y CROIS PAS ! LES PROGRÈS TECHNOLOGIQUES, À FORCE DE CATASTROPHES NATURELLES ET NUCLÉAIRES, CAUSERONT LA RUINE D'UNE ESPÈCE ET LA PERTE DE TOUT UN MONDE…
AUCUNE RAISON DE M'ÉNERVER ?
LE PROGRÈS N'A PAS TOUJOURS FAIT LE JEU DU BIEN, JE L'ADMETS. MAIS LA SCIENCE ET LA TECHNOLOGIE SE METTENT AU SERVICE D'UN MONDE PLUS RESPECTUEUX DES HOMMES ET DE LA PLANÈTE.
ET VOUS, VOUS AVEZ DÉCIDÉ DE NE RIEN FAIRE ?
JE COMPRENDS VOTRE AGACEMENT… MAIS VOUS NE VOYEZ QU'UNE FACE DE LA MÊME PIÈCE.
ERRARE HUMANUM EST, DISAIENT NOS ANCÊTRES. L'ERREUR EST HUMAINE… ET JE DIRAIS MÊME QUE CE SONT NOS ERREURS QUI NOUS RENDENT HUMAINS.
CE QUE VOUS NE COMPRENEZ PAS, ICI, CE SONT LES IMPLICATIONS DES CHANGEMENTS QUE VOUS AIMERIEZ IMPOSER AU CONTINUUM SPATIO-TEMPOREL.
JE NE SAIS PAS SI LA THÉORIE DU CHAOS VOUS EST FAMILIÈRE MAIS, POUR FAIRE SIMPLE, ON DIT QU'UN PAPILLON, D'UN SIMPLE BATTEMENT D'AILES, PEUT PROVOQUER DES TORNADES À L'AUTRE BOUT DU MONDE, À L'IMAGE D'UN DOMINO QUI EN FERAIT TOMBER UN AUTRE… PUIS UN AUTRE.

ET L'ALLEMAGNE NAZIE AURAIT PU GAGNER LA SECONDE GUERRE MONDIALE, SI LA RÉSISTANCE NE S'ÉTAIT PAS ORGANISÉE !
IL A RAISON !
IMAGINEZ SI NOUS N'AVIONS PAS AIDÉ CHRISTOPHE COLOMB... L'AMÉRIQUE N'AURAIT PEUT-ÊTRE JAMAIS ÉTÉ DÉCOUVERTE ! L'HOMME, ALORS, N'AURAIT PEUT-ÊTRE JAMAIS MARCHÉ SUR LA LUNE !
JE NE VOUS COMPRENDS PAS... AVEC TOUTES CES RESSOURCES, VOUS POURRIEZ CRÉER UN MONDE SANS GUERRE !
EST-CE LÀ LE MONDE QUE VOUS ESSAYIEZ DE CRÉER, NIKOLA ?
SANS NOUS, MARTIN LUTHER KING N'AURAIT PEUT-ÊTRE JAMAIS PU PRONONCER SON DISCOURS !
ET VOUS OSEZ LAISSER L'ÊTRE HUMAIN SE DÉTRUIRE ?!!
VOUS AVEZ ICI LE POUVOIR DE CORRIGER ENCORE ET ENCORE LES ERREURS DU PASSÉ... POUR MODELER L'HISTOIRE ET CRÉER LA CHRONOLOGIE PARFAITE.
UNE SOCIÉTÉ OÙ TOUT LE MONDE AURAIT TOUJOURS ÉTÉ ÉGAL !

JE NE PEUX PAS LA LUI ENLEVER. JE NE SUIS QUE LE GARDIEN DU FLUX TEMPOREL… PAS SON CRÉATEUR.
L'ÊTRE HUMAIN EST NÉ POUR ÉVOLUER, ET C'EST CE QUI FAIT TOUTE LA BEAUTÉ DE SON EXISTENCE.
NIKOLA… NUL NE PEUT PRÉTENDRE À CE POUVOIR.
VOUS ÊTES UN HOMME HORS DE VOTRE TEMPS, QUE CELA VOUS PLAISE OU NON.
MAIS VOUS ÊTES COMME MOI, À PRÉSENT…
MOI ?! ABSOLUMENT PAS !
RESTEZ ICI AVEC MOI… ET SURVEILLEZ LE COURS DU TEMPS À MES CÔTÉS.
À DÉFAUT DE GUIDER L'HUMANITÉ, VOUS POURREZ VEILLER SUR SA LIBERTÉ.
VOTRE PLACE N'EST PLUS NULLE PART AILLEURS…

OH !
VOUS N'Y ÊTES PAS !
OH OH !
L'HOMME N'A JAMAIS AGI QUE DANS SON SEUL INTÉRÊT ! C'EST CET ÉGOÏSME QUI CAUSERA SA PERTE ET CELLE DE SON MONDE !
IL FAUT QUE QUELQU'UN LES EN PRÉSERVE !
JE VAIS VOUS MONTRER LE POUVOIR QUI ÉTAIT LE VÔTRE !
C'EST PLEIN DE VIEILLERIES ICI ! JE SUIS SÛRE QU'ON VA TROUVER NOTRE BONHEUR !

IL VA ESSAYER
DE TOUT EFFACER !
IL FAUT L'ARRÊTER !
COMMENT ?!
MAIS OUI... C'EST LOGIQUE ! S'IL NOUS EMPÊCHE DE TROUVER KRONO, ON NE POURRA PAS SE LANCER À SA POURSUITE !

NON !
NO

MALCOLM !

Pour découvrir ce qui se passe avant la fin, résous ce problème.

Malcom fait un rêve : le rêve dure 2 h 13 et commence à 16 h 50. À quelle heure le rêve se termine-t-il ?

a. 19 h 13 **b.** 19 h 03 **c.** 20 h 03

Si tu as trouvé a. → va au n° 51.
Si tu as trouvé b. → va au n° 58.
Si tu as trouvé c. → va au n° 57.

Recopie le premier nom commun de l'énoncé du problème :

C'est ton CINQUIÈME INDICE.

N'oublie pas de le noter sur la page-indices, p. 189.

mémo 12

53

Tu as une mauvaise réponse. Observe si les phrases comportent un temps composé. → Recommence l'exercice du n° 55.

54

Ce n'est pas le bon calcul : pour trouver 3 fois moins, il faut diviser par 3. → Retourne à l'exercice du n° 49.

DÉPÊCHEZ-VOUS… JE L'AI VU PARTIR PAR LÀ !
NE BOUGEZ PAS… ON REVIENT TOUT DE SUITE !
?
55
CETTE CHANSON… PAPA LA MET SOUVENT À LA MAISON.
QU'EST-CE QUE TU FICHES, THOMAS ?!
OUMPF !
AOUTCH !
ET ALORS ? ON A UNE MISSION, JE TE RAPPELLE !
OUI, PARDON… TU AS RAISON !

J'AI L'IMPRESSION QU'IL LUI BARRE LA ROUTE.
ET CE POLICIER, QU'EST-CE QU'IL FAIT ?
LÀ... C'EST LUI !
MAIS ON N'EST PAS TIRÉS D'AFFAIRE POUR AUTANT !
ON L'A ÉCHAPPÉ BELLE !
FIOU !
KRONO A RAISON... SUIVONS-LE !

ÇA ME REVIENT…
DISONS ENSEMBLE : « RÉVEILLE-TOI, AMÉRIQUE ! RÉVEILLE-TOI ! »
LES ENFANTS ! ÉCOUTEZ-MOI !
MES SOUVENIRS ME REVIENNENT ! CE MOMENT EST TRÈS IMPORTANT DANS L'HISTOIRE !
CAR NOUS NE POUVONS PAS NOUS ARRÊTER LÀ. ET NOUS NE SERONS PAS PATIENTS, CAR NOUS NE POUVONS PAS ÊTRE PATIENTS !
IL EST LÀ !
ALORS, SI NIKOLA TESLA DOIT INTERVENIR… C'EST MAINTENANT !
DANS QUELQUES SECONDES, MARTIN LUTHER KING VA MONTER SUR CETTE SCÈNE ET PRONONCER UN DISCOURS QUI RESTERA GRAVÉ DANS L'HISTOIRE !

QUOI ?!
OH, NON... IL VA SAUTER !
IL N'A PAS PU APPROCHER LE PUPITRE COMME PRÉVU... ALORS IL A ESCALADÉ LA SCÈNE POUR SAUTER SUR LA FOULE !
SPAF
NON !
PAF
HA ! CETTE FOIS, VOUS ARRIVEZ TROP TARD !
QU'EST-CE QU'ON ATTEND ? IL FAUT L'ARRÊTER !

VITE... RELEVEZ-VOUS ! ON PEUT ENCORE LE COINCER !
HNN !
ALLEZ, ON Y VA, KRONO !
BLEUH !
TAK
POC
OUAAAH !

NIKOLA !
NON... VOUS NE VOUS ÉCHAPPEREZ PAS CETTE FOIS !

AAAAAAHH
KRRRR
CLAP CLAP
CLAP
CLAP
CLAP CLAP
CLAP
KRZZZT!
CLAP
CLAP
CLAP
CLAP
CLAP
CLAP
CLAP
CLAP
CLAP
CLAP

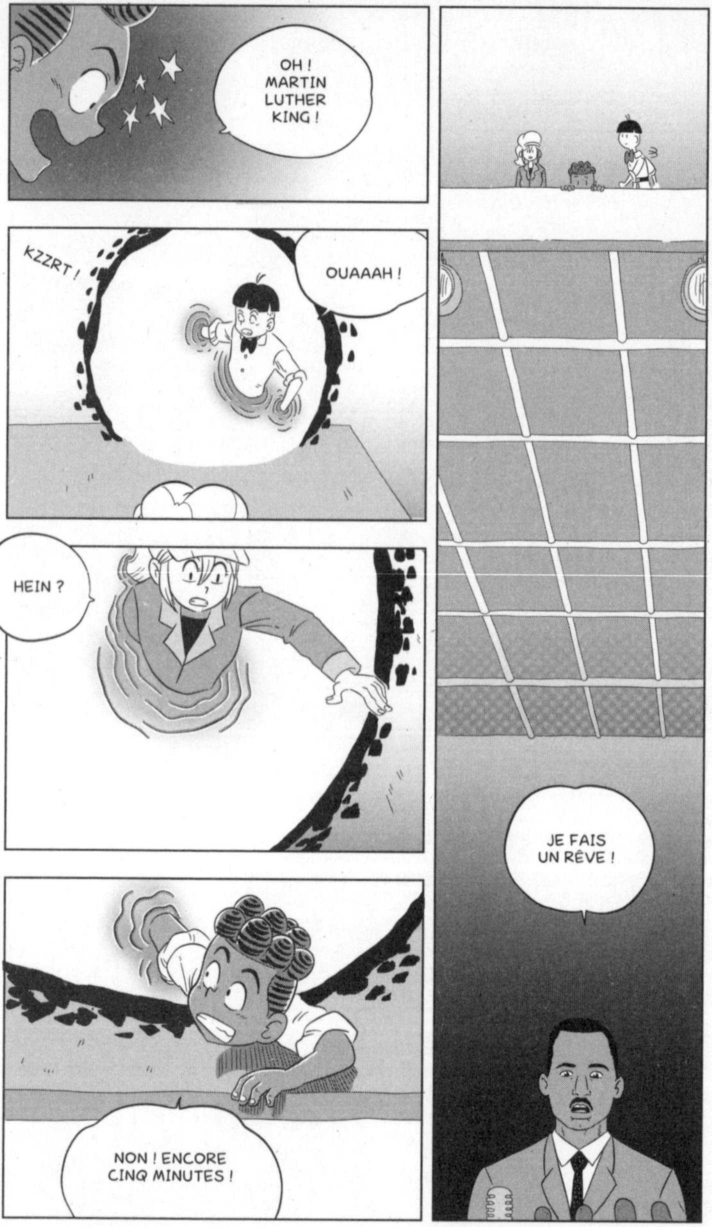
OH ! MARTIN LUTHER KING !
KZZRT !
OUAAAH !
HEIN ?
NON ! ENCORE CINQ MINUTES !
JE FAIS UN RÊVE !

Pour découvrir si les enfants vont rejoindre Nikola Tesla, complète avec *a* ou *à*.

a. Malcolm .... beaucoup appris.

b. Marie porte une casquette .... visière.

c. Thomas .... voyagé dans le temps.

Si tu as complété par : **a.** a, **b.** à, **c.** a → va au n° 52.

Si tu as complété par : **a.** a, **b.** a, **c.** a → va au n° 50.

Si tu as complété par : **a.** a, **b.** à, **c.** à → va au n° 53.

mémo 6

56

Ton calcul est faux. Thomas a 33 badges, Malcolm en a 3 fois moins (33 : 3 = 11). Continue le calcul.

→ Recommence l'exercice du n° 49.

57

C'est faux, tu as ajouté une heure de trop.

Consulte le mémo 12.

→ Refais l'exercice du n° 52.

58
HEUREUSEMENT, THOMAS M'A ATTRAPÉ PAR LA CHEVILLE… MAIS IL S'EST FAIT EMPORTER PAR NOTRE POIDS ET IL EST TOMBÉ À SON TOUR !
ET ALORS, J'AI ATTRAPÉ NIKOLA TESLA PAR LA CHEVILLE… SAUF QU'ON FONÇAIT ENCORE DROIT VERS LE NÉANT !
AU LIEU DE ÇA, ON EST TOMBÉS TOUS LES QUATRE. C'EST LÀ QUE LÉONARD DE VINCI EST ARRIVÉ À LA RESCOUSSE…
SI MARIE N'AVAIT PAS ÉTÉ LÀ POUR L'ATTRAPER PAR LA CHEVILLE… ON SERAIT PROBABLEMENT TOMBÉS TOUS LES TROIS.
IL L'A ATTRAPÉ PAR LA CHEVILLE, LUI AUSSI ?
NON, QUELLE IDÉE ! IL L'A RETENU PAR SON HABIT !
IL L'A ATTRAPÉE PAR LA CHEVILLE. IL AURAIT BASCULÉ LUI AUSSI DANS LE VIDE, MAIS KRONO ÉTAIT LÀ POUR VEILLER SUR LUI.
OH, CE N'ÉTAIT PAS TRÈS GRAVE : MA SŒUR L'A RÉPARÉ AVEC LÉONARD DE VINCI… ET NIKOLA TESLA !
GRÂCE À LUI, ON A RÉUSSI À TOUS REMONTER SUR L'ÎLE… MAIS IL A DÛ TIRER SI FORT QU'IL ÉTAIT TOUT CASSÉ, QUAND ON L'A RETROUVÉ.
JE NE SUIS PAS SÛR D'AVOIR SAISI POURQUOI… MAIS JE CROIS QU'EN VOYANT QU'ON ÉTAIT PRÊTS À SE SACRIFIER POUR LUI, IL A COMPRIS QUE L'HOMME N'ÉTAIT PAS SI ÉGOÏSTE QU'IL LE PENSAIT.
PARCE QUE, OUI… IL A FINI PAR ACCEPTER DE RESTER SUR L'ÎLE POUR PRÉSERVER LE CONTINUUM SPATIO-TEMPOREL.

ENFIN... SAUF AVEC SON PIED GAUCHE, DU COUP.
LE SEUL HIC, C'EST QU'IL A TREMPÉ DANS LE NÉANT JUSQU'À LA CHEVILLE... ET LA THÉORIE DE LÉONARD DE VINCI S'EST VÉRIFIÉE : IL NE PEUT PLUS RIEN TOUCHER !
Malcolm : mes vacances d'été !
EN TOUT CAS, C'EST COMME ÇA QU'ON A SAUVÉ LE MONDE D'UNE CATASTROPHE TEMPORELLE !
Malcolm : mes vacances d'été !
DES QUESTIONS ?

B
TAP TAP
CLAC
DRIIING

IL FAUT QUE J'Y AILLE. MA MÈRE M'ATTEND. EN TOUT CAS, J'ESPÈRE QUE LA MAÎTRESSE NE SERA PAS TROP SÉVÈRE AVEC TOI.
MOI NON PLUS !
MOI, J'AI ADORÉ TON HISTOIRE !
C'EST VRAI ?! MERCI !
AU FAIT ! C'EST QUOI, TON NOM ?
NICOLAS !
THOMAS !
MARIE !
ALORS, TU AS DÉJÀ COMMENCÉ À TE FAIRE DES AMIS, À CE QUE JE VOIS ?
ÇA S'EST BIEN PASSÉ, CETTE RENTRÉE D'ÉCOLE ? TES CAMARADES AVAIENT L'AIR PRESSÉS DE RENTRER CHEZ EUX...
C'ÉTAIT CHOUETTE. LA MAÎTRESSE NOUS A DEMANDÉ DE RACONTER NOS VACANCES D'ÉTÉ !
HA ! VOUS AURIEZ DÛ VOIR LEUR TÊTE ! ILS N'EN REVENAIENT PAS !
QU'EST-CE QU'ON VA FAIRE, EN RENTRANT ?
ON PENSAIT FAIRE UN CACHE-CACHE GÉANT DANS LA MAISON...

… MAIS CETTE FOIS, IL FAUDRA FAIRE ATTENTION AUX VASES !
EN DÉFINITIVE, C'EST TOI QUI AVAIS RAISON, MON AMI.
L'AVENIR S'ANNONCE RADIEUX.
FIN

Mémo

POUR T'AIDER À FAIRE TES EXERCICES

Français

Maths

Histoire

Sciences

Grammaire

1 L'attribut du sujet

- L'attribut du sujet est un adjectif ou un groupe nominal qui désigne la même réalité que le sujet.
- Il est utilisé avec un verbe attributif (verbe d'état) : *être*, *sembler*, *paraître*, *devenir*, *avoir l'air*...
- C'est un complément essentiel qui ne peut pas être supprimé.

  L'horloge semble vivante.

  Marie est une jeune fille très intelligente.

2 Les types de phrases

Il existe 3 types de phrases.

- La phrase **déclarative** dans laquelle on déclare quelque chose.

  Marie et Thomas recherchent Malcolm.
- La phrase **interrogative** avec laquelle on pose une question. Elle se termine par un point d'interrogation.

  Vont-ils le retrouver ?
- La phrase **impérative** qui donne un ordre, un conseil, une consigne. Elle se termine par un point ou un point d'exclamation.

  Allons voir là-bas. Ne bouge pas !

3 Phrase simple et phrase complexe

- Une phrase peut être composée d'une seule proposition (un seul verbe conjugué), c'est la **phrase simple**.

  Léonard de Vinci est connu pour sa peinture.
- Elle peut être composée de plusieurs propositions (plusieurs verbes conjugués), c'est la **phrase complexe**.

  Léonard de Vinci est connu pour sa peinture mais il était aussi un grand ingénieur.

Orthographe

4 L'accord du participe passé

• Le participe passé s'accorde en genre et en nombre lorsqu'il est conjugué avec *être*.

La caravelle est partie ce matin.

• Il ne s'accorde pas lorsqu'il est utilisé avec *avoir* sauf si on a déjà écrit ce à quoi il se rapporte :

Ils ont emporté la petite horloge.

C'est la petite horloge qu'ils ont emportée.

5 Les terminaisons -é ou -er

• Un verbe terminé par *-é* est sous la forme d'un **participe passé**. Il est précédé de *être* ou *avoir* ou il est utilisé comme adjectif.

Ils ont rattrapé le voleur.

Krono est fatigué.

• Un verbe terminé par *-er* est à **l'infinitif**.

– Il est souvent précédé d'une préposition (*à*, *de*, *par*...).

Il commence à tousser.

– Il peut être précédé d'un autre verbe (sauf *avoir* et *être*).

Thomas veut rentrer au XXIe siècle.

• Pour bien choisir entre *-é* et *-er*, on peut remplacer le verbe par *prendre* :

Ils ont chant... en chœur.

→ on peut remplacer le verbe *chanter* par *pris* (participe passé) :

Ils ont pris / chanté en chœur.

Ils commencent à chant...

→ on peut remplacer le verbe *chanter* par *prendre* (infinitif) :

Ils commencent à prendre / chanter.

6 a ou à

Il ne faut pas confondre *a* et *à*.

- *a* est une forme du verbe *avoir*. On peut le remplacer par *avait*.
  Marie a deux frères. ➜ *Marie avait deux frères.*

- *à* est une préposition.
  Marie parle à Malcolm.

Vocabulaire

7 Les préfixes

- On ajoute un préfixe avant le radical pour former un nouveau mot.

  temps ➜ *contre + temps = contretemps*

Les préfixes donnent un sens différent au mot de base.

- Certains préfixes expriment le contraire : *in- (inutile)*, *mé- (mécontent)*, *ir- (irréel)*…

- Certains préfixes expriment la répétition : *re- (refaire)*.

  Chrono- (d'origine grecque) évoque le temps.

Nombres

8 Les grands nombres

• Pour écrire les grands nombres, on peut utiliser un tableau de numération.

Un-milliard-six-cent-trente-millions-quatre-cent-quatre-vingt-dix-mille

Milliards			Millions			Milliers			Unités simples		
c	d	u	c	d	u	c	d	u	c	d	u
		1	6	3	0	4	9	0	0	0	0

• Il faut penser à laisser un espace entre chaque classe : *1 630 490 000*.

9 Fractions et nombres décimaux

• Un nombre décimal peut s'écrire de plusieurs façons :

nombre à virgule → 4,5 ou fraction décimale → $\frac{45}{10}$

• Une fraction décimale est une fraction qui a pour dénominateur 10, 100, 1 000... ($\frac{1}{10}$, $\frac{3}{100}$...)

• On peut écrire les fractions décimales avec une écriture à virgule.

$\frac{1}{10} = 0,1$

$\frac{1}{100} = 0,01$

$\frac{1}{1\,000} = 0,001$

$0,25 = \frac{25}{100}$ et $\frac{25}{100} = \frac{1}{4}$

Ce carré est divisé en 100 cases.
La partie grisée équivaut à $\frac{1}{4}$ ou $\frac{25}{100}$.

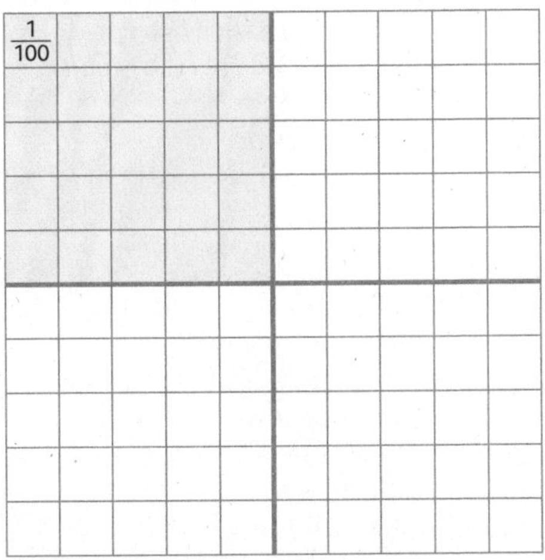

Calcul

10 Opérations sur les décimaux

Pour additionner deux nombres décimaux, il faut placer correctement les chiffres : les unités sous les unités, la virgule sous la virgule, les dixièmes sous les dixièmes, les centièmes sous les centièmes...
S'il n'y a pas de chiffre aligné avec les centièmes, par exemple, on peut écrire un zéro.

$$\begin{array}{r} 0{,}7\mathbf{0} \\ +\,0{,}25 \\ \hline 0{,}95 \end{array}$$

11 Résolution de problèmes

Pour résoudre un problème plus facilement, il faut repérer **les différentes étapes.**

Thomas a 22 billes. Malcolm en a 2 fois moins.
Combien de billes ont-ils en tout ?

• Il faut d'abord trouver combien de billes Malcolm possède.
« deux fois moins » correspond à la moitié, il faut diviser par 2.
→ 22 : 2 = 11.

• Pour trouver le nombre total de billes, il faut additionner les billes de Thomas (22) et les billes de Malcolm (11). → 22 + 11 = 33.

• Il faut enfin rédiger une **phrase réponse** en reprenant les mots de la question :

***Ils ont** 33 billes **en tout**.*

Grandeurs et mesures

12 Les durées

Rappel : 1 heure = 60 minutes.
Pour additionner des durées, il faut calculer séparément les secondes, les minutes et les heures.
Si le résultat est supérieur à 60, on convertit.

16 h 55 + 2 h 15 = 18 h 70 = 19 h 10
car 70 minutes = 1 heure et 10 minutes

13 Aire et périmètre

- Le **périmètre** est la longueur du contour d'une figure.

Périmètre d'un carré = **4 × côté**.

Pour trouver la longueur du côté d'un carré à partir de son périmètre, on divise le périmètre par 4.

- L'**aire** d'une figure est la mesure de sa surface.

Aire d'un carré = **côté × côté**.

Par exemple, ce carré a un côté de 3 cm.

Périmètre du carré : 4 × 3 = 12 cm.
Aire du carré : 3 × 3 = 9 cm^2.

Espace et géométrie

14 Les triangles

Un triangle est un polygone à 3 côtés.
Il existe des triangles particuliers :

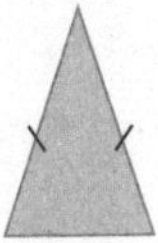

Le triangle **isocèle** a deux côtés de même longueur.

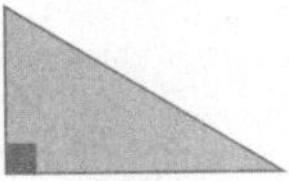

Le triangle **rectangle** a un angle droit.

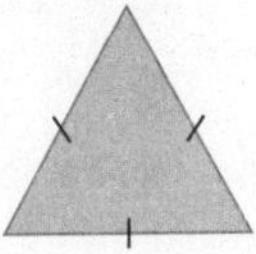

Le triangle **équilatéral** a trois côtés de même longueur.

15 La machine à vapeur et la révolution industrielle

- Auparavant, les machines étaient actionnées par des hommes ou des chevaux mais, en 1763, l'Anglais **James Watt** perfectionne la machine à vapeur qui va révolutionner la société. Cette machine, fonctionnant avec du charbon, utilise la puissance de la vapeur d'eau sous pression.
- Elle était utilisée pour faire fonctionner des métiers à tisser, des locomotives, des bateaux...

locomotive à vapeur

bateau à vapeur

16 Les énergies majeures de l'âge industriel

L'invention de la **machine à vapeur** a révolutionné le monde industriel. Vers 1870, la découverte de **nouvelles sources d'énergie**, le pétrole et l'électricité, provoque une **seconde révolution industrielle** avec l'invention du moteur à explosion (et de l'automobile), de l'ampoule électrique, du télégraphe, du téléphone...

17 La Seconde Guerre mondiale

- La Seconde Guerre mondiale s'est déroulée de 1939 à 1945.
- L'Allemagne nazie, dirigée par le dictateur **Adolf Hitler**, envahit plusieurs pays, dont la France.
- Le **maréchal Pétain**, héros de la Première Guerre mondiale, gouverne la France et choisit de faire cesser la guerre et de collaborer avec l'ennemi nazi.
- Mais la guerre n'est pas terminée : le **général de Gaulle**, opposé à cette collaboration, rejoint l'Angleterre et les Alliés et dirige les différents réseaux de la Résistance depuis Londres.
- La guerre prend fin en 1945 après la capitulation de l'Allemagne et du Japon.

18 Les familles de matériaux

Tous les matériaux appartiennent à deux catégories : les matériaux naturels et les matériaux synthétiques.

- Les **matériaux naturels** sont ceux que l'on trouve dans la nature : bois, cuir, roche...
- Les **matériaux synthétiques** sont fabriqués par l'homme : plastique, fibre de carbone, polystyrène...

19 Les énergies renouvelables

- Les êtres humains utilisent des sources d'énergie pour vivre : *aliments, eau, charbon, pétrole, uranium, bois, vent, soleil...*
- Les **sources d'énergie renouvelables** désignent des sources d'énergie disponibles de façon illimitée à l'échelle de la vie humaine : *eau, vent, soleil, bois...*
- Les **sources d'énergie non renouvelables** sont contenues dans la croûte terrestre et ne se renouvellent pas : *charbon, pétrole, gaz, uranium.*

MISSION KRONO

du CM2 à la 6e

Note ci-dessous les indices que tu as trouvés au cours de ta lecture.

Va vite te connecter sur le site

www.lenigme.com

pour nous envoyer tes indices, et tu pourras télécharger plein de cadeaux !

INDICE 1 ....

INDICE 2 ....

INDICE 3 ....

INDICE 4 ....

INDICE 5 ....

Bravo ! Tu as trouvé tous les indices !

Table d